나혜석,

융합적 삶을 위한 외길에 홀로 서다

이화형 교수의 근대여성 이야기 ❷

나혜석, 융합적 삶을 위한 외길에 홀로 서다

초판 1쇄 인쇄 · 2023년 6월 20일
초판 1쇄 발행 · 2023년 6월 26일

지은이 · 이화형
펴낸이 · 한봉숙
펴낸곳 · 푸른사상사

주간 · 맹문재 | 편집 · 지순이 | 교정 · 김수란, 노현정
등록 · 1999년 7월 8일 제2-2876호
주소 · 경기도 파주시 회동길 337-16 푸른사상사
대표전화 · 031) 955-9111(2) | 팩시밀리 · 031) 955-9114
이메일 · prun21c@hanmail.net / prunsasang@naver.com
홈페이지 · http://www.prun21c.com

지식에세이

9

이화형 교수의 근대여성 이야기 ❷

나혜석,

융합적 삶을 위한 외길에 홀로 서다

푸른사상
PRUNSASANG

여성에 앞서 인간이다

　나는 남성이지만 오랫동안 여성문제에 관심을 갖고 연구를 해왔다. 이 세상을 함께 살아가는 여성들이 남성에 비해서 차별을 받고 있는 현실에 대한 비판적 인식이 바탕이 되었다. 다른 한편으로는 인간이 인간답게 살아갈 수 있는 가능성을 여성이 가진 여러 미덕들에서 찾을 수 있다는 생각이 있었다. 그중에서도 한국연구재단의 지원으로 12명의 팀을 꾸려 3년간 근현대 여성잡지를 모두 검토하여 『한국 근대여성들의 일상문화』(전 9권, 2004)와 『한국 현대여성들의 일상문화』(전 8권, 2005)를 출간함으로써 방대한 자료를 정리한 것은 참으로 보람 있는 일이다. 그 뒤로 『뜻은 하늘에 몸은 땅에』(2009), 『여성, 역사 속의 주체적인 삶』(2016) 등으로 여성연구는 계속되었다.

그러나 이러한 연구들이 대중과는 거리가 있다는 점이 늘 아쉬웠던 차에 한국 여성에 관한 지식을 많은 독자들과 공유하려는 의도로 '지식에세이'라는 이름의 총서(9권) 출간을 기획하였다. 그래서 2017년 1차로 '전통여성'에 관하여『주체적 삶, 전통여성』,『융합적 인재, 신사임당』,『강직한 지식인, 인수대비』등 3권의 저서를 간행했다. 그리고 2019년부터 2차로 '기생'에 대하여『꽃이라 부르지 마라』,『황진이, 풍류와 지성으로 살다』,『이매창, 순수 서정으로 빛나다』등 3권의 책을 출간했다. 마지막 단계로 2022년에 3차에 해당하는 '신여성'에 관한 총론으로『열정에서 소외까지, 신여성』을 세상에 내놓은 바 있다. 이제 출간하는 2권과 3권은 신여성을 대표하는 나혜석과 김일엽에 대한 것이다.

내 가까이에 있는 여성학 전공자가 여러 번 조언을 해준 적이 있다. 오래전부터 세워놓은 계획에 따라 '신여성'에 관한 저술 출간을 준비하려는 나에게, "기생 전문가인데 기생에 집중하는 게 어떠냐?"는 것이었다. 하기는 한참 기생에 대한 논문이 발표되고 특강을 하고 다니는 것을 알았기 때문이리라. 게다가 '신여성'에 대해 너무 많은 책이 나와 있어 새로운 얘기를 하기가 어려울 것이라고 덧붙였다. 물론 도움이 되는 말이겠지만 선뜻 수용하고 싶지 않았다.

'신여성'에 대해 집필하지 않으면 안 되는 나만의 특별한 이유가 있다. 많은 연구자들이 '신여성'에 관해 분석적인 논의를 했지만 늘 '가부장제'로 짓누르는 전통여성과 대척 지점에서 신여성을 언급하는 경향이 짙었다. 즉 전통여성에 대해 깊은 통찰 없이 신여성만을 부각시키는 것은 아닌가 하는 의구심이 떠나지 않았다. 다시 말해 한 사람이 일관된 시각을 갖고 한국 여성 전체를 대상으로 논의한 경우는 거의 없었다고 보기 때문에 이 책을 쓰고자 했다. 따라서 나는 계획대로 '주체'라는 키워드를 가지고 한국 여성사의 흐름 속에서 '신여성'을 다뤄보고자 한다. 이는 신여성 이전의 자유로운 존재였던 '기생'이나 내적 주체의 삶을 산 '전통여성'과의 비교를 통해 '신여성'의 정체성을 밝히는 것이 좀더 설득력이 있을 것이라는 원론적인 데서 출발하기도 한다.

 한편 '신여성'이라고 하면 '구여성'과 대조되는 의미로 사용되는 어휘나 신교육, 신학문, 신문명 등 '신'이 들어가는 말들은 대부분 긍정적으로 인식되는 데 비해 '신여성'이라고 하면 상당히 부정적인 이미지로 인식되기도 한다. 그 원인은 여성 억압적인 우리들의 왜곡된 태도에 있을 것이다. 그 첫 번째로 김활란이 "남녀평등이란 하늘이 부여한 권리인데 남성들이 그것을 시인하느니 부인하느니 하는 자체가 부당하다."고 한 바와 같이 남성들에 의해 조작된 남성 우월적 프레임을 무비판적으로 수용한 여성들 내부에도 문제가 있다. 두 번째는 나혜석의 "껑충 뛰는 자를 비록 입으로는 비난하더라도 마음으로는 존경을 표하는 것이다."라고 한 말처럼 주체적이고 잘난 여성에 대해서는 거부감을 갖는 비문명적 사회 탓이라 할 수 있다.

비록 성공은 못 했더라도 새 시대를 여는 데 혼신을 다했던 신여성의 노력에 대해 1권에 '열정에서 소외까지'라는 표제어를 붙이고 한국 여성문화를 체계적으로 이해하기 위해 전통여성과 기생들에게 적용했던 방식으로 그녀들에 관해 여성교육, 섹슈얼리티, 젠더의 측면에서 다뤄보고자 했다. 이제 2권과 3권에서도 큰 틀에서 여성교육, 섹슈얼리티, 젠더의 방식으로 나혜석과 김일엽의 삶과 활동을 살펴보고자 한다. 그녀들은 "먹고만 살다 죽으면 그것은 사람이 아니라 금수라"고 생각하면서 주체적 각성과 인격 형성을 위한 여성교육의 가치를 깨닫고 그 목표를 실천하고자 애썼으며, "진실한 사랑을 상대에게 온전히 바칠 수만 있다면 언제든지 처녀로 자처할 수 있다"는 '신정조론'을 주장하며 차별적 성 이데올로기에 맞섰으며, 자신들의 권리를 찾기 위한 여성운동을 전개했을 뿐만 아니라 참된 인생이 무엇인지를 치열하게 고민했고 국권 회복을 위한 독립운동에 기개를 보이기도 했다.

  오랫동안 소외되어온 이 땅의 많은 여성들에게 이제 행복을 돌려주어야 할 책임이 우리들에게 있다. 특히 봉건적 잔재, 식민 통치 등 몇 겹의 억압을 뚫고 사회적 자아로서의 책무를 다하고자 했던 신여성들은 선각자로서 대우받아 마땅하다. 이 책에서는 정체성을 잃지 않으려 최선을 다했던 그녀들의 주체적인 삶을 정확하게 밝히는 데 주력하였다.

  이 총서 출간에 기꺼이 함께해주신 푸른사상사의 한봉숙 대표님께 깊이 감사드리며, 편집진의 노고도 잊을 수 없다.

2023년 여름
書川齋에서
이화형

차례

프롤로그

　한국 근대 시기의 여성은 내부적으로 가부장제의 억압이 잔존해 있는 가운데 식민통치하의 제국주의적 억압이 가중되어 여러 겹의 고통을 짊어져야 했다. 이러한 격변의 시대에 따르는 열악한 환경에서 탄생한 소위 신여성이라 불리는 일군의 여성들은 당시 90퍼센트 이상의 여성 문맹 인구와 비교할 때 지적인 세례를 받은 소수의 엘리트 집단에 속해 있었다. 그 신여성 그룹에서도 가장 선구적인 여성의 한 사람이 정월(晶月) 나혜석(羅蕙錫, 1896~1948)이다.

　"나는 자기를 참으로 살릴 때는 죽음이 무섭지 않사외다."[1]라고 했던 나혜석은 어느 누구도 범접하기 힘든 의로운

1　나혜석, 「이혼고백장」, 『삼천리』, 1934. 8~9쪽.

삶을 살았다고 볼 수 있다. 그녀는 자기의 이익을 도모하거나 사회적 비난이 두려워 몸을 숨기는 게 아니라 드러내놓고 불의에 반기를 들었다. 그녀가 근대적 전문인보다 조선 왕조 시대의 만능 선비에 더 가까웠다[2]고 평가받은 점도 이 때문일 것이다. 나혜석은 구차한 삶을 버리고 의로움을 택했던 근대의 선비라 할 수 있다. 나혜석의 딸 김나열은 어머니에 대하여 "내가 하는 일이 바른길인데 왜 그러느냐 하는 고집으로 산 것 같습니다. 고집으로 살았기 때문에 희생도 많았습니다. …(중략)… 꿋꿋하게 살았다는 점에 대해서는 누구한테도 지지 않을 것입니다."[3]라고 말한 바 있다. 이를 보면 "뜻을 얻지 못하면 혼자서라도 그 도를 행한다[不得志 獨行其道]."[4]고 했던 맹자의 말이 떠오르기도 한다.

인간의 본질과 가치가 이성에 있으며 모든 인간은 이성적 존재로서 동등한 권리를 갖는다고 할 수 있다. 신여성들은 이러한 이성적 사고와 자유사상에 힘입어 그동안 여성들이 배제되어온 역사를 비판하며, 여전히 유지되고 있는 여

---

2 박노자, 「한국적 근대 만들기 XVI: 나혜석」, 『인물과 사상』 62호, 인물과사상사, 2003, 100~111쪽.
3 윤범모, 「정월 나혜석의 장녀 김나열 여사와의 대담」, 『화가 나혜석』, 현암사, 2005, 317쪽.
4 『맹자집주(孟子集註)』 등문공장구하(藤文公章句下).

성의 억압과 차별에 저항하면서 여성도 남성과 같은 권리를 가질 수 있음을 주장했다. 인간으로 살고 싶었던 나혜석은 인본주의에 기초한 이성적 판단과 자유사상에 입각하여 여성도 남성과 똑같이 존중받고 권리를 누릴 수 있기를 간절히 소망했다. 식민지 시대 공적인 세계로 통하는 화가로서 예술의 길에 매진하며 스스로 가시밭길을 선택했던 진정한 자유인이었다. 어느 누구의 간섭이 들어오거나 어떠한 상황에 놓일지라도 자유로이 그리고 일관되게 여성의 억압에 문제를 제기하면서 평생을 여권 회복을 위해 죽을힘을 다했던 여성해방의 선구자였다.

많은 신여성들이 근대가 요구하는 현모양처의 이념을 수용한 데 비해 나혜석은 그와 달랐다. 너무나 외롭게도 자신을 위한 가정과 사회의 지위마저 던져버린 강직한 인물이었다. 역사적으로 사회가 원하고 인정하는 바람직한 여성은 가족을 위해 자신을 희생하며 이상적인 가정을 이루는 데 헌신하는 존재로 인식되기 십상이었다. 개인적인 고초와 불행을 감수할 때 선각자적 여성으로 우리 앞에 설 수 있으나 나혜석의 경우 이상적인 가정을 위한 의무적인 자기의 희생이나 헌신과는 거리가 있었다. 그녀에게는 스스로의 각성을 통한 자기 삶의 선택이요 자발적인 고난의 수용만이 의미가 있었다. 비록 힘들지만 자아와 가정(사회)의 균형 있는 발전을 도모하고자 했기에, 조선의 환경에서 탁월한 인물이 쉽게 탄생하기 힘듦을 우려하며 자신의 당찬 포부를 드러내기도 했다. 그녀는 자신이 옳다고 믿는 가치관을 환경에 따라 바꾸지 않고 묵묵히 자신의 생활 속에서 실천해 나갔던, 행동하는 의인이었다.

우리나라 최초의 여성 서양화가이자 작가이며 페미니스트였던 나혜석 하면, 21세기를 사는 우리에게 영향을 끼칠 수 있는 것이 한두 가지가 아니다. 크게는 여성으로서의 교육과 유학, 성과 사랑, 젠더와 민족의 문제 등 진보적이면서도 보편적인 가치를 담고 있는 것들이 오늘을 사는 우리들로 하여금 주목하게 한다. 더욱 의미 있는 것으로, 비록 성공하지는 못했지만 나혜석이 융합의 가치를 지향했던 숨겨진 사실에 우리는 공감할 수 있다. 나혜석은 "평면과 입체가 합하여 한 물체가 된 것같이 평면 즉 외면과 입체 즉 내부가 합하여 한 사회가 성립된 것이니 어느 것을 따로따로 떼어볼 수가 없다."[5]고 주장한 바 있다. 서양에 있을 때는 서양의 입체만 보이고 조선에 오니 조선의 입체만 보인다는 말을 하면서 이와 같이 사회가 요구하는 통합의 가치를 역설하였

5   나혜석, 「아아 자유의 파리가 그리워」, 『삼천리』, 1932. 1.

다. 다시 말해, 평면/입체, 외면/내부, 서양/동양 등 이분법적 사고를 경계하고 전체를 하나로 아우르려는 융합의 시각이 그녀에게서 돋보인다.

나혜석은 자신이 어떤 사람이 될까를 말하면서 자기가 금욕 생활을 하고자 하는 것은 성질이 정열적이기 때문이며, 자신이 엄격하게 보이는 것은 가슴에 피가 끓는 까닭이며, 자신은 영적인 동시에 육감적이 되고 싶다면서 자신은 남의 큰 사랑을 요구하나 도리어 큰 사랑을 주려 한다고 했다. 이어서 그녀는 "행복으로 빛날 때든지 치명을 받을 때든지 안정하든지 번민하든지 냉혹하든지 정열 있든지 기쁘든지 울든지 어떤 환경에 있든지 나는 다수의 여자인 동시에 1인의 여자일 것이다."[6]라고 다짐하였다. 어느 대상이든 관계없이 다수로서 또는 개인적으로 기꺼이 수렴하겠다는 각오를 보이며 대상/주체, 세계/자아, 보편/특수의 융합적 관계를 환기시키고 있다.

합해진 한 물체 또는 한 사회의 어느 것 하나 분리해 볼 수 없다고 말한 나혜석의 융합적 시선은 더욱 강화되는데, 변화의 꿈과 욕망이 현실에서 융합적으로 실현되고 주체의 열정이 세계와의 관계에서 하나로 융합되기를 그녀는 간

6 나혜석, 「신생활에 들면서」, 『삼천리』, 1935. 2.

절히 바라고 있다. 그녀는 "인생은 가정만도 인생이 아니요, 예술만도 인생이 아니외다. 이것저것 합한 것이 인생이외다. 마치 수소와 산소가 합한 것이 물인 것과 같이 …(중략)… 부분적이 내 생활 행복이 될 리 만무하고 종합적이라야 정말 내가 요구하는 행복의 길일 것이외다."(「이혼고백장」)라고 했다. 그와 같이 자신의 존재 이유와 같은 '예술'만큼이나 자신과 분리될 수 없는 소중한 '가정'임에도 불구하고 그녀가 가정에서 축출됨으로써 파멸에 이르게 된 것은 개인적으로나 사회적으로 안타까운 일이다. 절제와 인격이 부족했던 나혜석 자신의 탓과 함께 선각자를 수용하지 못했던 사회적 인식과 제도적 문제 등을 지적하지 않을 수 없다.

사유분방하고 순진하기 그지없는 나혜석의 삶은 당시의 일반적인 사람들과는 큰 차이가 있었다. 일본으로의 유학, 조선 여성 최초의 서울에서의 미술 전시회, 외교관 부인으로서의 만주 생활, 세계 일주 등으로 나혜석을 편안하고 호화롭게 산 여성으로 인식하기 쉽다. 물론 그런 면도 있으나 나혜석은 누구보다 사회적 책임을 느끼며 고독과 고난의 길을 갔던 선각자적인 인물이었다. '여성도 인간'이라는 그녀의 일관된 신념 때문에 가능했고, 더 근원적으로는 어느 한쪽으로 치우치지 않는 데서 진리를 찾고자 하는 합리적 시각, 즉 융합적 세계관이 확고했기에 가능했다. 그러므로 근대를 여는 격동기 조선 사회에서 중심적 위치에 처해 있었던 여성 나혜석을 새롭게 융합 지향의 인물로 보는 것은 상당히 의미가 있다고 할 수 있다. 특히 현재의 조선에 대한 애정/비판뿐만 아니라, 미래의 구미에 대한 동경/실망을 동시에 지니고 있었던 나혜석의 진면목을 고찰해볼 필요가 있다.

　나혜석은 누구보다도 강력하게 여성의 인권을 위해 '나'를 온몸으로 주장한 인물로서 그 역사적 의의를 인정받아 마땅하다. 그만큼 한계는 명확하다. 이는 융합 지향의 꿈과 현실의 간극이기도 하다. 여성으로서 자아의 존재를 드러냄이 시작의 수준이었던 만큼 남성과 사회를 배려하면서 차분하게 '나'를 주장하는, 설득력 있는 단계에 이르기까지에는 시간이 필요했던 것이다. 둘째 아들 김진의 말대로 '그땐 그 길이 왜 그리 좁았는지' 나혜석은 오늘, 나아가 미래의 여성들을 위해 고난과 불행을 스스로 홀로 짊어지고 가야 했다.
　나혜석에 대한 연구는 문학계, 미술계, 사학계에서 주로 이루어졌으며, 흥미 위주의 스캔들의 주인공으로 다루어졌던 나혜석을 자료 중심으로 정당하게 평가하고자 하는 노력이 이어져왔다. 1974년 발표된『에미는 선각자였느니라』[7]는

7　이구열,『에미는 선각자였느니라』, 동화출판사, 1974.

허구나 추측이 아닌 실증적 자료를 통해 접근하여 나혜석을 학술 연구 대상으로 승격시킨 공로가 크다 할 수 있다.

그 후 1980년대 말부터 시작해서 2000년대 벽두 나혜석의 전집[8]이 나오면서 본격적으로 연구가 이루어지게 되었다. 특히 1999년부터 나혜석을 바로 알리기 위한 '나혜석기념사업회'의 활약이 컸다. 10년 이상 심포지엄이 개최되고 그 결과물이 『나혜석, 한국 근대사를 거닐다』(푸른사상사)로 출간되었으며, 이상경의 『인간으로 살고 싶다』(한길사)를 비롯하여 여러 권의 평전이 있다.

이제 나혜석의 실체를 좀더 확실히 밝혀야 하는 시점에 와 있다고 보며, 무엇보다 융합적 삶을 위한 외길에서 홀로 세상과 맞서야 했던 강직한 그녀의 모습에 공감하지 않을 수 없게 된다.

---

8   이상경 편집교열, 『나혜석전집』, 태학사, 2000 ; 서정자 편, 『원본 나혜석 전집』, 푸른사상사, 2013.

제1부

이상적 부인을 꿈꾸다

〈조조(早朝)〉(1920)

1
여성교육에 눈뜨다

근대화를 앞둔 당시 조선은 독립된 민족국가도 아니었고 주체적 내면의 성숙도 이루지 못했다. 조선의 민족과 민중 그리고 여성은 신문명의 타자였다.

신여성은 원래 19세기 후반 영국에서 여성의 교육 기회의 확대를 배경으로 나온 개념이다. 1920년대 조선에 등장한 신여성은 젠더로서의 여성 존재를 한국의 근대사에 각인시킨 주역들이다. 교육을 통해 문자 세계로 편입된 신여성들은 주변적인 종래의 위치에서 벗어나 근대적 담론의 장에 한 주체로 참여하게 되었다.

선진적 가정에서 출생

나혜석의 본적지는 경기도 수원군 수원면 신풍동 291번 지(현 수원시 팔달구 신풍동 47번지)로 되어 있다. 그녀는 1896 년 '큰대문 참판댁'의 개화된 가정에서 5남매 중 넷째로 태 어났다. 어릴 때 이름은 아기(兒只)였다. 아버지 나기정은 경기도 관찰부에 10년 이상 근무했고, 대한제국 시기에 시흥군수를 지냈으며 합병 이후 용인군수로 전임되었다가 1914년 행정 개편에 따라 군수직에서 물러나, 강제 퇴직하 고 1년 뒤인 1915년 52세의 나이로 세상을 떠났다. 수원 지 역 국채보상운동을 주도하는 등 주위 사람들로부터 신망을 받는 관료였던 나기정은 팔달구 매향동에 창립된 삼일학교 (현 삼일중학교)가 지역을 대표하는 사립학교로 자리매김하 는 데 일조하며 학교 발전을 위해 주도적으로 활동하여 주 민들로부터 찬사를 받았다. 그는 신학문을 존중하는 개화된 인물로서 자녀 교육에도 방심하지 않고 두 아들 홍석과 경 석은 물론 두 딸 혜석과 지석도 일본으로 유학을 보냈다.

나혜석의 어머니 최시의는 최성대의 딸이다. 최성대는 수 원 지역 계몽에 중심적인 역할을 했고, 주민들의 의식을 계 발하는 데 앞장섰다. 일찍이 남양 서여제면장을 역임한 최 성대는 나혜석의 큰오빠 홍석에게 한문을 가르쳐준 인물이기도 하다. 어머니 최시의는 사회활동에 관심을 갖고 실천하는 데 앞장섰다. 1908년 교육활동과 자선사업을 통한 여성의 지위 향상을 목적으로 수원에서 부인회를 조직하여 여성교육을 독려한 바 있다. 이처럼 어머니의 적극적인 사회활동과 여성교육에 대한 관심과 노력은 딸 나혜석이 여성교육을 실천하며 여성해방 운동을 펼쳐 나가는 데 많은 영향을 주었을 것이다. 어머니 최시의는 1919년에 사망했다.

나혜석에게 가장 도움을 많이 주었던 작은오빠 나경석은 도쿄고등공업학교(현 도쿄공업대학)를 졸업하고 귀국하여 1918년 당시 친구인 인촌 김성수가 세운 중앙학교에서 화학과 물리를 가르쳤고, 3·1운동이 전개되면서 만주 길림(吉林)으로부터 무기를 반입하려다 발각되어 두만강을 넘어 블라디보스토크로 망명하였다. 그는 그곳에서 약 3년간 조선인 2세들에게 조선어를 가르치며 방랑 생활을 하다가 1924년에 만주 봉천(奉天)으로 이주하여 1941년까지 그곳에서 여러 사업을 하며 살았다.

신여성들이 근대의 문으로 들어선 것은 서구식 학교를 통해서였지만, 근대적 공간인 학교로 가는 길이 그녀들에게 자유롭거나 순탄한 것은 아니다. 오히려 명문가의 여성보다는 남성 권력의 감시가 느슨한 집안의 딸들에게 학교로의 유입이 더 쉬웠던 점은 당시의 상황을 짐작하게 해준다. 그러므로 나혜석이 수원과 서울에서 받은 학교 교육은 명문가의 딸에게는 거의 금지되어 있던 것이라는 점에서 매우 운이 좋은 출발이었다. 다시 말해 그녀는 위와 같은 가정의 교육에 대한 열정, 일가 친인척의 교육적 분위기 등으로 일찍부터 근대교육의 수혜자가 될 수 있었다.

일반적으로 좋은 환경이 긍정적으로만 작동하는 것은 아니다. 가졌기 때문에 버리기가 힘든 논리에 따라 오히려 많은 지식인들은 심하게 내면적 갈등을 겪을 수밖에 없었기 때문이다. 나혜석의 경우 번민과 고뇌가 더 심할 수도 있었다. 그러나 이를 극복하기에 충분할 정도로 오빠의 존재는 남들이 누릴 수 없는 든든한 힘이 되었다. 일본에서 신학문을 배우고 한인 유학생 활동에 적극 참여했던 오빠 경석의 권유로 나혜석과 두 살 아래인 여동생 지석이 도쿄 유학을 할 수 있었고, 특히 나혜석이 나중에 화가로서 문필가로서 이름을 떨치게 된 것은 그녀의 천부적 재능을 인정하고 사랑하여 보살펴주었던 오빠의 역할이 절대적이었다.

신여성을 구분 짓는 가장 중요한 조건은 근대적 교육의 수혜 여부였다. 명석한 두뇌로 일찍부터 뛰어난 재능을 보이기 시작했던 나혜석은 열 살 때인 1906년 8월 수원 보시동에 소재한 삼일여학교(현 매향여자경영정보고등학교)에 동생 지석과 함께 입학하였다. 학교에 들어가면서 이름은 명순

(明順)으로 불렸다. 삼일여학교는 한국 최초의 여학교인 이화학당을 설립한 미국 감리교 선교사 스크랜튼 여사에 의해 세워졌고 1902년 6월에 여학생 3명을 받으면서 개교했는데 나혜석은 1910년 첫 졸업생 4명 중 1명이었다. 이 학교는 매우 개방적이고 진취적인 분위기였다[1]고 한다.

나혜석은 1910년 삼일여학교를 졸업하고 나서 1906년 한국인이 설립한 최초의 사립 여학교인 진명여자고등보통학교(설립자 엄준원)에 들어갔다. 서울의 명문인 이 학교에서의 3년은 나혜석의 생애에서 획기적인 전환점이 되었다. 왜 배워야 하는가, 무엇을 배우고, 어떻게 습득할 것인가라는 교육의 원론적인 것에서부터 장차 여성으로서 자신이 해야 할 일은 무엇이며, 예술가로서의 꿈을 이루기 위한 가장 중요한 자질은 무엇인가 등 많은 것을 생각하고 깨닫게 하는 시기였다. 나혜석은 무엇보다 근대 학교를 통해서 여성으로서의 삶과 의식의 문제를 직시할 수 있는 시각을 갖게 되었다. 아직도 한국의 남녀 임금 격차가 OECD 국가 중에 가장 큰 사실을 감안하면 그녀의 문제의식과 그 기반이 된 교육적 수혜 등은 더욱 돋보인다.

나중에 학비를 벌지 않으면 안 되는 시점에서 여주공립보

---

1   이상경, 『인간으로 살고 싶다』, 한길사, 2002, 50~52쪽.

통학교 교사직을 알선한 것도 진명여학교 교사였을 만큼 모교는 그녀에게 크게 영향을 미쳤다. 무엇보다도 진명여학교를 최우등으로 졸업하면서 『매일신보』에 이름이 오른 것은 그녀가 세상의 주목을 받을 수 있는 계기가 되었다는 점에서 문제적인 출발이었다. 1913년 졸업 때는 혜석(蕙錫)으로 개명했다. '진명여학교 수석 졸업'이라는 신문기사로 언론의 유명세를 타면서 나혜석은 어느새 조선을 대표하는 신여성의 자리에 서게 되었다. 남다른 교육 수혜자로서의 영예를 누리는 것과 동시에 식민지 조선의 나혜석은 구여성/신여성, 전통/근대, 조선/일본의 경계선상에서 정체성의 혼란마저 느낄 수밖에 없었을 것이다.

사실 사회석 변동과 혼돈 속에서도 인내하고 침묵히면 그만일 수도 있다. 그러나 나혜석은 그렇지 않았다. 그녀에게는 넘쳐나는 지성과 열정이 있었기 때문이다. 세계/자아, 외부/내부의 혹독한 대립과 충돌 속에 혼란을 겪으면서도 끝내 의롭고도 자유로운 융합적 인간으로 살기를 희망하였기에 그 삶의 궤적은 파란만장한 것이 될 수밖에 없었다. 여기서 맹자의 "사람이라면 부끄러움이 없어서는 안 된다(人不可以無恥)"[2]는 말이 연상되는 것도 자연스럽다.

2 『맹자집주(孟子集註)』 진심장구 상(盡心章句 上).

끊임없이 도전하는 존재로서의 나혜석은 다층의 대립과 갈등을 넘나들며 옳다고 믿는 융합적 의(義)를 향한 개인의 자유로운 욕망의 구현과 여성으로서의 주체 확립을 위해 매진하는 열렬한 삶의 주인공이었다. 좌고우면하지 않고 융합적 삶을 목표로 불행과 고난이 닥칠 것을 두려워하지 않은 채 의로운 선비처럼 살다 간 여인으로서의 시작이었다.

여성교육의 필요성 절감

근대 초기 여성교육의 주된 내용 중 하나가 '여성도 인간'이라는 사실임을 볼 때 나혜석의 첫 소설 「경희」[3] 역시 신교육에 눈뜬 여성 지식인의 가치관이 그대로 반영되어 있으면서 교육적 효과를 도모하고 있다. 주인공 '경희'는 좋은 혼처가 났으니 학업을 중단하고 고국으로 돌아와 결혼을 하라는 아버지의 엄명에 반발한다. 가부장제하에서 여성에게 결혼은 필수요 교육은 뒷전이었으나 나혜석에게는 그렇지 않았다. 오히려 제도적 결혼은 구속이 될 수 있으며 주체적 자아의 확립을 위해서는 교육이 반드시 필요했다. 나혜석은 '경희'로 하여금 아버지의 횡포에 거역하여 자신의 의지대

3 『여자계』 2호, 1918. 3.

로 공부를 계속하리라 다짐하게 했다.

당시 외국의 언어인 일본어가 국어가 되고 정작 내 나라의 언어를 외국어인 양 조선어라고 명명한 공적 교육기관은 식민지 지배의 백성이 피부로 느껴야 하는 모멸감을 감내하는 공간이었다. 그런 가운데 학교 교육의 수혜를 통해 내면에서 일어나는 의식의 변화와 함께 무엇보다 나혜석에게 여성 문제가 심각하게 대두되었다. 그즈음 자신의 체험을 반영한 「경희」가 그러한 변화와 각성을 잘 보여주었다. 배운다는 것이 현실에서 어떻게 구체적으로 삶을 변화시키고 의식을 바꾸는지를 확인할 수 있게 하였다. 경희의 집을 방문한 사돈 마님이 "거기를 또 가니? 이제 그만 곱게 입고 앉았다가 부잣집으로 시집가서 아들딸 낳고 재미있게 살지 그렇게 고생할 것이 뭐 있니?"라는 말에 경희는 답답하기 그지없었다. 그리고 알아듣지 못하고 험담만 늘어놓는 사돈 마님을 향해 속으로 경희는 신랄하게 비판 질책한 바도 있다.

"먹고 입고만 하는 것이 사람이 아니라 배우고 알아야 사람이에요. 당신 댁처럼 영감 아들 간에 첩이 넷이나 있는 것도 배우지 못한 까닭이고, 그것으로 속을 썩이는 당신도 알지 못한 죄예요. 그러니까 여편네가 시집가서 시앗을 보지 않도록 하는 것도 가르쳐야 하고 여편네 두고 첩을 얻지 못하게 하는 것도 가르쳐야만 합니다."

경희 언니의 시어머니인 이 부인은, 여러 여학생 험담을 듣고 말하길 좋아하는 사람으로, 언제나 경희의 하는 일에 의심을 가져왔다. 여자를 일본까지 보내 공부를 시켜 무엇 하려는지 이해할 수 없을 뿐 아니라 한 말을 들으면 열 말을 보태어 여학생 험담을 하는 까닭에 경희는 입을 다물어버렸던 것이다. 입을 닫고 침묵으로 시위하던 경희는 다만 신여성을 향한 비판 지점이 되는 바느질, 음식 등 살림살이를 관습적인 방법이 아닌 교육을 통해 학습한 방식에 따라 효율적으로 해냄으로써 그의 신뢰를 얻고자 한다.[4] 또한 「경희」의 3장에 해당하는 경희와 떡 장수 간의 대화에도 주목할 필요가 있다.

> "저의 집 떡방아 찧던 일꾼에게서 들은, 요새 신문에 어느 여학생이 학교 간다고 나가서는 며칠 아니 들어오는 고로 수색을 해보니까 어느 사내에게 꾀임을 받아서 첩이 되었더란 말이며, 어느 집에는 며느리로 여학생을 얻어 왔더니ㅡ"

경희의 집에 자주 오는 떡 장수가 이 집 저 집 드나들며

---

4   최정아, 「동아시아 문학과 여성 : 나혜석, 요사노 아키코, 장아이링을 중심으로」, 『인문논총』 72권 1호, 서울대학교 인문학연구원, 2015, 110쪽.

세간의 풍습을 전하는데 경희가 다른 이야기는 다정히 잘 받아주면서도 여학생들, 즉 신여성 험담에 관해서는 호응이 없자 무안해하며 주춤하고 있는 찰나, 떡까지 사주고 나니 더 할 말이 없어 자리를 뜬다. 떡 장수와 이야기를 나누며 이러한 상황을 지켜보던 경희는 "떡 장사가 다시는 남의 흉을 보지 아니하리라 생각할 때에 큰 교육을 한 것도 같다."며 속으로 기뻐한다는 내용이다. 당시 여성교육에 대한 인식 수준을 극명하게 보여주는 사례라 할 수 있다. 경희에게 우호적인 어머니조차 경희를 사랑하는 마음에 개화한 아들의 조언에 따라 그녀를 유학까지 보내지만, 기실 여성의 개화, 여성교육의 필요성은 크게 인지하지는 못한다.

마침내 시집가면 생전 좋은 옷에 배불리 먹다 죽을 수 있다는 아버지의 무지함에 아래와 같이 과감하게 맞선다. 여성의 존재를 인격적 개체로 인정하지 않는 삼종지도와 같은 봉건적 규범에 대한 도전이었다.

> "먹고만 살다 죽으면 그것은 사람이 아니라 금수이지요. 보리밥이라도 제 노력으로 제 밥을 제가 먹는 것이 사람인 줄 압니다. 조상이 벌어놓은 밥 그것을 그대로 받은 남편의 그 밥을 또 그대로 얻어먹고 있는 것은 우리 집 개나 일반이지요."

물론 경희는 결혼하고 아이 낳은 부인들이 장하다는 생각도 하지만 금수와 사람은 다르며 '사람은 공부해야 한다'고 결론을 내리게 되었다. 이같이 나혜석은 자신의 가치관이자 교육관을 확실하게 밝히고 있다. 동물에게도 자유가 필요할진대 인간이야말로 자유로운 주체가 되어야 한다는 주장이고 보면 매우 설득력이 있다. 나혜석은 진정한 인간으로 당당하게 살아가기 위해서는 여성에게도 반드시 교육이 필요하다고 역설했다.

　한편 당시 여성교육이 널리 주창되고는 있었지만 대부분 남편의 내조와 자녀의 양육을 위해 여성의 희생을 요구하는 '현모양처'가 되기를 바라는 교육이 실시되고 있었다. 일제는 통감부 시기 이미 양처현모주의 교육을 도입하기 시작했다. 당시 교육정책은 인문교육보다는 실업교육을 강조하였고, 여성교육에서도 여자에게 부합된다고 생각하는 실용적인 지식과 기예를 가르치는 것에 중점을 두었다. 따라서 교육과정은 재봉, 수예, 가사 등 가정생활에 필요한 실기 위주의 기능교과에 치중했다.

　잘 알다시피 전근대사회에서의 이상적인 여성상은 현모양처였다. 그런데 근대화 담론 이후 여성교육의 필요성이 대두되면서도 이러한 현모양처론적 토대는 변함이 없었다. 이에 불만을 가진 나혜석은 "남자는 남편[夫]이요, 아버지

[父]라. 양부현부(良夫賢父)의 교육법은 아직도 듣지 못하였으니, 다만 여자에 한하여 부속물 된 교육주의라."[5]며 당대 현모양처 교육론을 비판하였다. 이어서 일방적으로 온량유순의 부덕을 강조하는 현모양처 교육은 여성을 '노예'로 만드는 남성 중심적 사회의 산물임을 피력했다.

나혜석은 여성으로서 자신의 발전을 도모하면서 가정을 잘 꾸려나가는 융합적인 삶을 위한 진정한 의미의 신여성의 양성을 교육의 지표로 삼아야 된다고 생각했다. 이에 「경희」의 주인공 경희의 가사노동 담론이 현모양처 사상에 입각해 있기는 하지만, 나혜석은 경희를 통해 가부장제의 권력과 억압에 당당히 맞서며 인간으로서의 격조 있는 삶을 선택하고 여성교육의 가치를 부각시키고자 했던 것이다.

여성교육에 대한 나혜석의 깊은 관심과 진지한 인식은 「어머니와 딸」(1937)이라는 소설을 통해서도 표출되었다. 딸 영애는 결혼보다 공부를 원하지만 영애 어머니는 딸이 공부하는 것을 반대하며 결혼할 것을 종용한다. 「어머니와 딸」의 모녀의 태도가 위에서 언급한 「경희」 모녀와 대조적임을 알 수 있다. 딸의 공부에 호의적인 「경희」의 어머니와 달리 「어머니와 딸」의 어머니는 딸의 공부를 싫어한다. 딸의 입

5   나혜석, 「이상적 부인」, 『학지광』, 1914. 12.

장에서도 영애는 누가 도와주면 한번 해보겠다는 정도일 뿐 경희처럼 공부에 강한 열의를 갖고 있지는 않다.

나혜석은 여성의 사회적 불평등은 남성으로 말미암은 것이라고 주장하면서도 남녀 불평등의 문제는 "오직 남자 그 사람만 잘못이라 할 수 없고, 여자 그 사람만 불쌍하다고 할 수 없이 사회제도가 그릇되었었고, 교육 그것이 잘못되었던 것임은 말할 필요도 없다."[6]고 했다. 이처럼 그녀는 남녀 차별의 문제를 사회제도와 연관된 교육에 의거하여 설명했다. 제도와 교육의 잘못이 성차별을 낳았다고 진단하면서도 불평등의 원인이 남성/여성 모두에게 있다고 하는 지적은 참신성을 엿보게 한다.

6 　나혜석, 「생활개량에 대한 여자의 부르짖음」, 『동아일보』, 1926. 1. 24~30쪽.

2
해외유학을 떠나다

　자아를 발견하고 개성을 구현하며 자유로운 인간으로 살기를 열망한 나혜석은 자전적 소설인 「경희」에서 주인공 경희를 통해 여성교육의 열악한 상황과 함께 여성교육의 필요성을 명료하게 밝히고 있다.

　나혜석은 수원과 서울에서 새로운 중등 과정의 학교 교육을 경험하는 데서 머물지 않고 해외 유학이라는 선진적 체험의 기회로 나아갔다. 무엇보다 나혜석은 일본 유학 기간에 자신의 삶을 주체적으로 선택한 여성들의 이야기를 접하며 페미니스트로 자각하였다.

일본으로의 유학

신여성 나혜석이 탄생할 수 있었던 가장 큰 배경은 일본 유학이라고 해도 과언이 아니다. 나혜석의 생애를 언급하면서 일본 유학을 떠나기 전까지를 '식민지' 시공간이라고 한다면 일본 유학서부터는 '이국적' 시공간으로 나눌 수 있는 것도 그만한 이유가 있다. 나혜석은 자기 스스로 명석하기도 하지만 여유로운 가정에서 태어난 덕분에 교육의 혜택을 누릴 수 있었다. 명문가라고 하는 가문에서도 여성들의 신교육에 의구심을 갖고 있던 당시에 나씨 일가의 차별을 두지 않는 여성 교육열은 독특한 것이 아닐 수 없었다. 가부장적 권위를 지닌 부친마저도 자녀들 근대교육에 대해서는 상당히 열정을 보였다. 5남매 중 일찍 수원 갑부에게 출가를 해버린 큰딸인 계석을 제외하고 모두 일본으로 유학을 보낸 사실이 이를 뒷받침한다. 물론 부친이 나혜석의 유학을 반대하기는 했지만 대신 오빠가 적극적으로 주선하여 유학을 갈 수 있었다.

1913년 진명여자고등보통학교를 졸업한 나혜석은 작은 오빠 경석의 권유로 도쿄의 사립여자미술학교(현 여자미술대학) 서양화부 선과(選科) 보통과에 입학하게 된다. 한국인으로서는 네 번째요 여성으로서는 한국 최초의 서양화 전공자의 길로 들어서는 순간이다. 부친의 명으로 학업을 중단해야 할 위기를 맞아서도 나혜석은 결혼을 거부한 채 여주 공립보통학교의 교사로 취직하여 학비를 모아, 다니던 학교로 복귀할 만큼 스스로의 힘으로 유학을 마친 당찬 여성이었다. 여자미술학교 서양화과에 입학한 나혜석은 화가 고바야시 만고에게 사사받았다. 서양미술을 전공한다는 역사적 선진성을 넘어 그녀의 총명함과 재능은 유학 사회에서 두각을 드러냈다. 『매일신보』는 1913년과 1914년 두 차례나 유학생 30명 중 역량이 가장 뛰어난 인재로 나혜석을 꼽아 그녀의 유학 생활을 소개한 바도 있다.

사실 일본 유학의 시기는 나혜석의 생애에서 그녀의 운명을 바꿀 정도로 가장 주목받을 만한 귀한 시기인 동시에 몰락의 단초를 제공하는 사건을 품고 있는 문제적인 시기이기도 했다. 나혜석에게 있어 도쿄 유학기는 무엇보다 신교육을 통한 이념의 흡수와 목표의 구축이라는 지식인으로서의 기초가 정해지는 중요한 시기였다. 미술 특히 유화라는 새로운 분야에 처음 도전하는 조선 여성으로서의 자부심과 사회적 책임감이 있었던 나혜석은 주위의 뜻을 함께하는 신여성은 물론 또래 지식인 남성들과 자유롭게 교유할 수도 있었다.

게다가 나혜석은 성격이 활달하고 미모의 여성다운 매력

까지 갖추어 유학하자마자 남학생들 사이에서 인기를 독차지하기도 했다. 첫사랑이었던 시인 최승구와의 연애가 시작되었고 21세 때 나혜석은 그와 약혼까지 하였다. 그러나 최승구는 폐결핵으로 일찍 사망하고 그녀는 정신적 충격을 받아 한동안 신경쇠약에 걸릴 만큼 아픈 시절을 보내야 했다.

글쓰기를 통해 자기의 생각을 공론화하기 시작한 곳도 일본이었다. 나혜석은 도쿄에 유학하면서 일본의 여성운동과 여성잡지인 『세이토(靑鞜)』의 영향을 받지 않을 수 없었다. 그녀는 재일 조선학생학우회의 기관지인 『학지광』에 「이상적 부인」(1914)의 발표를 시작으로 글쓰기의 문을 열었다. 그 시기 『학지광』에 글을 실은 여학생은 나혜석이 유일하다고 한다. 당시 그녀의 재능은 그림에서보다 오히려 글에서 먼저 표출되고 있었다. 최초의 여성 서양화가로서 이름을 떨쳤지만 글쓰기는 그보다 더 긴 세월에 걸쳐 계속되었다.

여성에 의한 '최초의 근대적 인권론'으로까지 높이 평가받는 「이상적 부인」에서 그녀는 "단(單)히 양처현모라 하여 이상을 정함도 필취(必取)할 바가 아닌가 하노라. …(중략)… 운하면 여자를 노예 만들기 위하여 차(此) 주의로 부덕의 장려가 필요하였었도다."라고 했다. 이 내용에서 알 수 있듯이 나혜석은 세속적 본분의 완수를 목표로 삼는 현모양처주의와 부덕의 장려를 비판하면서 여성의 개성과 이상을 존중해야 한다고 주장하였다. 현모양처 교육에 대한 나혜석의 이러한 비판은 같은 시기 다른 유학생들의 글에서는 단 한 편도 발견되지 않는다는 점에서 매우 선진적이라[1] 평가되기도 한다.

이상과 같이 도쿄는 청춘 시절의 나혜석에게 연애라는 신문명을 체험하게 했을 뿐만 아니라 글쓰기를 통해 자신의 생각을 펼치는 법을 익힐 수 있도록 했고, 여성의 삶이나 위상에 대해 깊이 고민하는 계기를 제공했다. 또한 도쿄는 미술 공부라는 새로운 세상으로 그녀를 이끌었고, 독립운동을 위한 여자 유학생 친목회의 결성도 가능하게 했다. 일본은 한 인간의 일생을 좌우할 삶의 방향이 모두 형성된 장소라 할 수 있다. 결혼하여 임신 중에도 두 달의 도쿄 생활을 통해 그림에 대한 감각과 열의를 다잡고 돌아왔을 만큼 도쿄는 원대한 이상을 지닌 인간 나혜석을 구축하고 확장해 나가도록 한 모태와 같은 공간이었다.

나혜석은 이광수, 최남선, 장덕수, 송진우, 김성수 등의 선각자들과 비슷한 시기에 도쿄 유학을 체험하였다. 그녀는 그들과의 지적 교류를 통해 인격적 각성을 하고 여성의

---

1   양문규, 「1910년대 나혜석 문학의 또 다른 근대성」, 문학과사상 연구회, 『근대 계몽기 문학의 재인식』, 소명, 2007, 28쪽.

완전한 자기 발전을 모색하며 새로운 문명사회의 건설을
꿈꾸었다.

교육현장에 뛰어듦

아버지는 오빠 경석의 제의에 따라 혜석의 도쿄 유학을
허락하면서 '1년만'이라는 단서를 달았었다. 동생 지석이
학업을 중단하고 귀국해서 결혼한 것도 아버지와의 약속 때
문이었다. 출국 후 1년이 지난 1914년 4월부터 아버지는 나
혜석의 귀국을 독촉하였다. 그해 연말에는 아버지로부터
"마침 혼처가 생겼다. 곧 귀국해서 혼례를 치르도록 하자.
만약 돌아오지 않는다면 더이상 학비를 보내줄 수 없으니
그리 알아라."는 최후통첩을 받았다. 1915년 새 학기 등록
을 해야 하는데 아버지는 학비를 보내주지 않았다. 나혜석
은 유학 2년 만에 집에 돌아와야 했다. 아버지가 결혼을 강
요하며 학비를 주지 않는 바람에 진명여학교 시절의 한 선
생님의 도움으로 여주공립보통학교에 부임할 수 있었다. 아
버지 친구인 여주군수 댁에 기거하면서 나혜석은 1년 가까
이 교사로 봉직했다.

돈을 모아 여자미술학교로 돌아가 1916년 4월부터 교원
자격을 확보하는 데 유리한 고등사범과로 옮겨 공부를 했

고 1918년 3월 나혜석은 드디어 도쿄여자미술학교를 졸업
했다. 그해 4월에 교토(京都)제국대학 법학부를 졸업한 김우
영은 귀국을 서두르는 그녀에게 "꼭 귀국해야겠소?"라고 만
류를 하지만 나혜석은 "귀국해서 학교 선생이나 하겠어요."
라고 답했다. 김우영의 졸업을 본 뒤 나혜석은 1918년 4월
귀국하여 모교인 진명여학교에서 교편을 잡았다. 서울 종로
구 운니동 오빠의 집에서 기거하며 고국에서의 첫 사회생활
을 시작하였다. 진명여학교 미술교사로 재직하면서 여러 예
술 활동을 펼쳐 나가는 등 고단한 삶을 이어가던 중 건강이
나빠져 학교를 떠나지 않을 수 없게 되었다. 나혜석은 진명
여학교에 사표를 내고 오빠 집에서도 나와 종로구 익선동에
방을 하나 마련하였다. 혼자 조용히 요양하면서 지내고 싶
었던 것이다. 그녀는 외출도 하지 않고 그림을 그리거나 글
을 쓰며 하루하루를 보내고 있었다. 그 이듬해인 1919년 초
서울시 종로구 운니동 집에서 혼자 그림 공부에 몰두했다.

나혜석은 1919년 3월 2일 김마리아 등과 이화학당에서
비밀회동을 갖고 3·1만세운동을 지속적인 독립운동으로
이어가기 위해 항일여성단체를 조직하기로 결의한 바 있다.
그리고 3월 5일 이화학당 학생들의 만세 사건에 연루되어
서대문형무소에서 5개월간 옥고를 치르다가 증거불충분으
로 풀려났다. 출옥 후 건강을 추스르고 정신여자고등보통학

교 미술교사로 약 1년간 근무하였다. 임신 중이었던 나혜석은 1921년 학교에 사표를 내고 잠시 쉴 겸 해서 두어 달 도쿄에 가서 그림 공부를 했다. 이때의 공부는 그녀가 본격적인 화가로서 도약하는 전환점이 되었다고도 한다. 그해 가을 귀국한 혜석은 곧바로 전시회 준비에 들어갔고 이듬해 드디어 그녀의 첫 전시회가 서울에서 개최되었다.

나혜석은 1921년 미술에 관해서는 처음으로 글을 써서 언론에 아래와 같이 기고한 바 있다. 이는 전시회에 임하는 자신의 생각을 밝힌 것인데, 공식적으로 발표된 우리나라 최초의 여성 미술론일 것[2]이라고도 한다.

> "조선 여자는 결코 그림을 배우지 않으려 하니까 그렇지, 만일 배우고자 할진대 반드시 외국 여자의 능히 따르지 못할 특점이 있는 실례를 나는 어느 고등 정도 여학교에서 도화를 교수하는 동안에 발견하였습니다. …(중략)… 만일 이 앞으로라도 일반 여자계에 그림에 대한 취미를 고취할 만한 운동이 일어나기만 하면 반드시 여류화가가 배출될 줄로 믿습니다."[3]

나혜석은 다른 예술 장르에 비해서 유독 미술은 예전부

---

2   이상경, 『나혜석전집』, 태학사, 2000, 27쪽.
3   나혜석, 「회화와 조선여자」, 『동아일보』, 1921. 2. 26.

터 천시를 받아온 탓에 발전이 더뎠음을 지적하였다. 조선에 여성 화가가 없는 것이 여성 개인들의 문제가 아니라 사회환경 때문이었음을 그녀는 교사로서의 체험을 통해 확인하였다. 그리하여 자기는 힘에 부치고 재주가 부족하기는 하나 전시회를 열어 여성들이 많이 와서 구경하도록 해보겠다는 포부를 밝히기도 했다. 그녀는 미술이 국가와 민족의 문화 영역에서 차지하는 의의를 고려하면서 여성의 관심을 이끌기 위한 교육적 시도를 부단히 감행하였다.『매일신보』(1921. 3. 17)에서 "이번 전람회의 목적은 조선 사람들에게 미술적 필요를 알게 하기 위하여 본사 내청각을 빌려 가지고 …(중략)… 조선 여자로 이와 같은 미술적 사업에 열심하는 것은 진실로 처음이며"라고 보도한 것도 미술과 관련된 여성교육의 필요성을 절감하는 나혜석의 교육자적 면모를 여실히 보여주는 것이었다.

나혜석은 1922년 3월 만주 안동현에 여자 야학을 개설하여 동포 교육 특히 여성교육에 힘을 쏟고자 하였다. 그 무렵 만주 일대의 조선인 여성들의 삶은 피폐하기 이를 데 없었고 젊은 여성들에게는 교육의 기회가 거의 주어지지 않았다. 1922년 한인 이주민 수가 약 2천 명에 근접했음에도 불구하고 취학 연령 아동들의 절대 다수가 정식 학교에 입학하지 못한 상태였다. 이에 나혜석은 야학을 설립하여 동포

들의 교육에 대한 갈증을 해소시키지 않으면 안 되겠다는 다짐을 하게 되었던 것이다. 조선 여성의 인권 향상을 위해서는 문맹을 타파하는 일이 급선무라고 생각했던 나혜석은 자신의 신념을 야학을 통해 실현하고자 했다. 잠들어 있던 여성들의 의식을 깨우기 위해 나혜석이 세운 여자 야학은 조선에까지 널리 알려져 당시 언론에서는 크게 보도하였다.

우리 조선 여자계를 위하여 열심 진력하는 나혜석 여사는 금번 당지 8번통 태성의원 내에 여자 야학을 설립하고 매주 3일간 오후 7시부터 10시까지 열성으로 지도하여 입학 지원자가 날로 많다더라.[4]

언론에서 보도한 대로 나혜석은 여자 야학을 설립하고 운영하면서 교편을 잡아 여성들을 대상으로 문맹 퇴치와 의식의 변화를 위해 헌신하였다. 이는 일찍이 1909년 고향인 경남 동래에서 노동 야학을 발기하는 등 근대교육에 관심이 있었던 남편의 적극적인 지원으로 시행될 수 있었다[5]고 한다. 뿐만 아니라 나혜석은 평안북도 정주까지 교육기관을 찾아가 여성의 변화가 민족의 미래를 정한다는 일념으로 강

---

4 『동아일보』, 1922. 3. 22.
5 「명륜교열심」, 『대한매일신보』, 1909. 1. 15.

의를 하는 등 열띤 교육열을 보였다고도 한다.

1923년 9월 서울의 젊은 화가들과 함께 조선 화단의 진작을 위해 설립한 고려미술원에서 연구소를 신설하고 학생들을 모집한 것[6]도 사회 교육적 차원에서 큰 의미가 있었다고 한다. 연구소의 지도교사로는 동양화 부문에서 김은호 · 허백련 등이, 서양화 부문에서 나혜석 · 강진구 · 이종우 등이 활약했는데 나혜석은 안동에 거주하고 있었던 관계로 귀국할 때마다 한두 차례씩 가르칠 수밖에 없었다.[7]

나혜석의 이혼 1주년을 맞아 잡지사에서 취재한 기사 내용을 보면 "지난가을 도쿄로 건너가서 미술연구와 그림 그리기에 전력을 다하다가 4월경에 조선에 나와서 현재 중앙보육 미술을 맡아 가르치고, 한편으로 개인 전람회를 개최하기 위해 양화를 그린다."[8]라고 하였다. 1932년 4월 일본에서 돌아와 잠시 중앙보육학교[9]에서 교사로 근무하는 등 그녀가 끊임없이 교육 활동에 참여하였음을 알 수 있다.

여성 대중을 대상으로 한 교육의 중요성을 깨달은 나혜석은 '연령의 제한과 소양 유무의 구별 없이' 그림을 가르치기

---

6 『조선일보』, 1923. 12. 21.

7 정규웅, 『나혜석 평전』, 중앙 M&B, 2003, 139쪽.

8 『신동아』, 1932. 11.

9 1928년 서울에 설립되었던 유치원 교사 양성 학교.

로 결심하였다. 1933년 2월 서울 종로구 수송동의 목조 2층 건물에 여자미술학사를 개설했는데, 이는 개인 작업실이라는 생계 수단을 넘어 미술학교 설립의 꿈을 실현한 것이다. 나혜석은 "학생들에게 그림에 대한 재미있는 이야기나 혹은 자기가 스케치하러 나갔을 때의 감상을 말할 때는 학생들은 매우 재미있게 듣는 것을 보았습니다."(「회화와 조선여자」)라고 교사 체험을 술회한 바 있다. 조선 여자들이 화가를 천시하는 인습 때문에 세계적인 작가가 없음을 개탄하면서 그림을 배우기만 하면 외국 여성들을 능가할 것이라면서 위와 같이 말한 것이다. 미술학사의 개설은 이처럼 학교의 설립을 목적으로 이루어진 것임을 알 수 있다. 나혜석이 발표한 「여자미술학사 취의서(趣意書)」를 보자.

> 위대한 우리의 잠재력을 활발히 발동시켜서 경이와 개탄과 공축(恐縮)의 대박(大迫)[을] 만인에게 끼얹을 방면이 미술의 세계밖에 또 무슨 터전이 있다고 생각하십니까? 동무의 색씨들아! 오시오, 같이 해봅시다. 브러시(그림붓)를 가지고 캔버스를 들고 일체의 추(醜)를 미화하기 위하여, 일체의 암흑을 명랑화하기 위하여 다 같이 어둠 침침한 골방 속으로 나아오시오.[10]

10 나혜석, 「화실의 개방 – 여자미술학사」, 『삼천리』, 1933. 3.

위 글을 통해 나혜석이 미술학교를 세울 꿈을 꾸고 있었음을 짐작할 수 있다. 그녀는 자신은 변변치 못하나 학생들은 거룩하며 그 학생들에게 무거운 짐을 짊어지게 하기 위하여 자신은 다만 새벽녘에 우는 닭이 되려 할 뿐이라고 했다. 그리고 학생들이 따로 서기까지 자신은 작은 지팡이가 되면 그만이라고 포부를 밝혔다. 근대교육을 받은 나혜석은 여성이 하나의 인격체로서 존중받고 당당히 살아가려면 자아 각성이 필요한데, 이를 위해서는 무엇보다 교육의 역할이 중요하다고 강조해왔다. 여기서도 나혜석이 여성 미술가 양성을 위한 교육의 필요성을 역설하고 있음을 알 수 있다.

제2부

사람이 되고 싶다

〈개척자〉(1921)

3
애인의 묘로 신혼여행을 가다

나혜석은 봉건적 인습과 제도에 맞서 여성해방을 도모하고 여권신장을 실현시키고자 노력해왔다. 그녀가 처한 가부장적 사회에서의 혼사는 가계의 결합이요, 개인의 신분이나 지위가 규정되는 계기가 되었을 뿐 사랑은 없고 육체의 접속에 불과했다고 볼 수 있다. 자신이 꿈꾸는 이상적인 사회의 도래를 간절히 바랐던 나혜석은 결혼에서 남녀 간의 자유로운 연애와 함께 영육의 합일을 주장했다.

결혼은 형식보다 사랑

결혼식을 치르면서 심리적 갈등을 억누르며 긍정적인 생각에 몰두하고자 했던 나혜석은 결혼식이 끝난 피로연에서 본심을 드러내고 말았다. "한마디 하라"는 친구들의 짓궂은 요구에 "그러나 저는 이런 형식에 얽매인 결혼식은 찬성하지 않습니다. 결혼이란 것은 형석이 중요한 것이 아니라 당사자인 두 사람의 마음이 중요하지 않습니까?"라고 했다고 한다.

나혜석은 주체적 존재로 살면서 결혼에서도 자신이 사랑하는 상대를 선택하는 것이 당연하다는 생각이었다. 이상적인 결혼은 연애 중심이어야 하고 그 연애는 영육의 일치에서 가능하다고 보았다. 영혼과 육체의 합일 여부가 사랑이나 결혼의 기준이 되어야 한다고 판단한 나혜석은 일찍이 "남들은 남자를 이해하여 남성의 특징을 내가 취하기도 하고 어성의 징처를 그에게 지랑도 하여 남녀 양성 간에 육 외에 영의 결합까지 있는 줄 압니다."라고 한 바 있다.

남녀 우열의 이분법적 시각에서 탈피하여 남녀의 영육 합일을 언급할 정도로 자유로운 의식과 인격적인 삶을 중시한 나혜석은 아래와 같이 말했다.

> 남여가 상합하여야 비로소 전인격이라고 하고 보면, 남자만이나 여자만으로는 자아실현을 못 하는 것입니다. 그러므로 한 사회 중의 단위는 각각 다른 성질로 서로 채운

---

1   나혜석, 「잡감－K 언니에게 與함」, 『학지광』, 1917. 7.

남녀 두 개의 인격적 상합이요, 두 사람 중에서 나온 자식
으로 가정이 되는 것입니다.(「생활 개량에 대한 여자의 부르짖
음」)

결혼의 의미를 남녀의 사랑의 결합으로 인식함은 물론 나
아가 결혼의 이상이 인격의 통합에 있음을 주장하는 시각이
뚜렷하다. 더욱 주목할 만한 점은 사랑과 인격으로 이루어
지는 부부의 만남과 그로 비롯되는 자식의 출생에 이르기까
지 온전한 가정의 완성을 언급하는 융합적 관점이다. 남녀
관계를 포함하여 대상을 바라보는 균형적인 태도와 더불어
환경에 휘둘리지 않고 판단하는 합리적인 사고 등 그녀의
독특한 융합적 세계관이 돋보이는 대목이기도 하다.

근대 일본의 최초의 여성 문예지인 『세이토(靑鞜)』에는 스
웨덴의 여성 사상가인 엘렌 케이가 소개되어 있고 당시 노
자영과 같은 도쿄 유학생들에 의해 한국 문단에도 그녀의
사상이 크게 영향을 끼치고 있었다. 특히 서구의 여성 인권
에 대한 담론이 조선의 불합리한 결혼 풍습을 강타하였다.
나혜석은 가문 중심의 결혼 제도와 가부장적 이데올로기에
서 벗어나 영육 교차의 사랑에 기초한 인격적인 결합으로서
의 결혼을 꿈꾸었다.

소설 「경희」에서도 여주인공인 경희가 모든 면에서 개혁

적이고 진취적인 행동을 보이지만 무엇보다 아버지의 강압적인 결혼 종용에 승복하지 않고 인간으로서 주체성을 갖고 처신하려는 욕구를 보이고 있다. 4장으로 구성되어 있는 「경희」에서는 경희로 하여금 1, 2장에서 신여성을 못마땅하게 여기고 '여자가 배워서 무엇하는가'식으로 불만을 지니고 있던 구여성들을 하나하나 굴복시킨 뒤, 3장에서는 경희의 결혼 문제로 갈등하는 아버지와 어머니의 대화를 다루고, 4장에서는 여성의 결혼 문제를 중심사건으로 경희의 내적 갈등과 각성을 다루고 있다. 즉 결혼이 강제적으로 이루어져서는 안 될 뿐만 아니라 개인의 자유로운 선택이 보장되어야 함을 보여주고 있다. 더구나 문벌 좋고 재산 있는 집안에 시집가서 좋은 옷에 배불리 먹는 것이 이상적 결혼이 될 수 없음을 강조하였다.

그녀의 소설 「규원」(1921)과 「원한」(1926)도 가부장제하의 여성 억압적인 부당한 결혼생활에 대한 갈등과 반발을 다루고 있다. 두 작품은 아버지의 권한이 강력하게 작용하고, 그것도 우연한 계기로 자녀의 혼사가 결정되는 과정과 그렇게 해서 어린 나이에 자기보다 어린 남자와 결혼함으로써 겪게 되는 시련을 보여준다. 특히 「원한」의 경우, 강제적 조혼에 이어 남편의 요절에 따른 과부로서의 피폐한 삶이 이어질 뿐만 아니라 어린 신랑과의 만남으로 사랑의 방식에 서투르고 사랑의 주체가 되지 못하는 상태에서 쉽게 남의 첩이 되어 인권 유린의 길로 들어서는 불행한 이야기다.

나혜석에게 사랑은 제도나 형식을 초월하는 것이요, 결혼에서도 사랑은 불변적 요소이자 핵심적인 가치로 인식되었다. 1923년 초기에 쓴 「강명화의 자살에 대하여」에서도 그러한 시각이 분명히 드러나고 있다.

> 오직 기생계는 이성 교제의 충분한 경험으로 그 인물을 선택할 만한 판단력이 있고 중인(衆人) 중에서 오직 일인을 좋아할 만한 기회가 있으므로 …(중략)… 조선에 만일 여자로서 진정한 사랑을 할 줄 알고 줄 줄 아는 자는 기생계를 제하고는 없다고 말할 수 있는 것이다.[2]

순진한 여학생들은 너무 이성에 대한 교제의 경험이 없으므로 이성 간에 존재하는 본능으로만 무의식적으로 접근할 수 있음을 전제로 나혜석은 위와 같이 기생들에 대한 믿음을 피력하였다. 그녀는 신분의 차이와 집안의 반대로 결혼하지 못하고 자살에 이르는 평양 기생 강명화와 대구 부호의 아들 장병천의 슬픈 사연을 통해 '사랑'의 가치를 제고하고자 했다.

2 『동아일보』, 1923. 7. 8.

그녀는 결코 남편을 속이고 최린과 관계를 맺은 것이 아 님을 실토하며, "본부(本夫)나 본처(本妻)를 어찌 않는 범위 내의 행동은 죄도 아니요, 실수도 아니라 가장 진보된 사람 에게는 마땅히 있어야 될 감정이라고 생각합니다."(「이혼고 백장」)라고 밝힌 바 있다. 자신의 사랑은 '진보적인 사람에게 는 있을 수 있는 감정'이었다는 발언에서도 사랑은 그녀에 게 모든 규범을 넘어서는 지고한 것임을 확인하게 된다.

나혜석의 첫 연인은 시인이던 최승구였다. 오빠 경석은 동생을 같은 도쿄 유학생 중 가장 출중한 최승구에게 소개 해주었는데 이를 계기로 급격하게 둘은 연인 사이가 되었 다. 나혜석과 최승구의 관계는 당대 탁월한 재능과 수려한 외모를 겸비한 원조 신여성과 가장 멋진 시인의 만남이라는 사실만으로도 화제가 되기에 충분했다. 연애가 깊어져 두 사람은 집안의 극심한 반대를 무릅쓰고 약혼까지 했다. 불 행하게도 최승구는 일찍이 중학교를 졸업하자마자 숙부의 강요로 충주 색시와 사랑도 없이 결혼한 상태였다. 즉 조선 에 처를 둔 유부남이었기에 최승구는 이에 대한 정신적 압 박과 경제적 고통 등으로 폐병을 얻게 된다.

최승구는 1892년 경기도 시흥 출신으로 보성전문학교를 거쳐 1910년경 일본으로 건너가 게이오(慶應)대학 예과에 입학하였다. 거기서 그는 역사학을 전공하려 했으나 열악한 경제 사정과 폐결핵의 심화로 예과 과정만 이수하고 학업을 중단하게 되었다. 폐병이 심해진 최승구는 1915년 귀국해 전남 고흥군수로 있던 둘째 형 최승칠의 집(관사)에서 요양했는데, 나혜석은 도쿄에 남아 학업을 계속하던 중 병세가 악화된 최승구를 보고자 조선에 일시 귀국한다. 하지만 인연을 잇지 못하고 최승구는 나혜석이 방문한 다음 날 25세의 나이로 타계하고 말았다. 시신은 전남 고흥읍 남계리 오리정 공동묘지에 묻혔다.

　최승구가 사망하기 직전 나혜석과 고흥에서 만났던 일에 대해서는 최승구의 사촌 동생인 최승만의 회고록[3]에 상세히 나타나 있다. 최승구가 투병 중인 고흥을 찾았으나 학업과 기타 사정으로 곧 일본으로 돌아갔던 일에 대해 나혜석은 나중에 몹시 괴로워했던 것 같다. 자전적 요소가 농후한 「회생한 손녀에게」(1918)라는 소설을 보면 알 수 있듯이, 그때 전력으로 간호해주지 못한 것을 후회하는 화자에게 '손녀'의 출현은 회심의 계기가 된다. 공부를 핑계 대지 않고 철야도 마다하지 않으면서 화자는 잘 알지도 못하던 '손녀'의 회복을 위해 최선을 다한다. 나혜석과 가깝게 지냈던 작가 염상섭은 이 글에는 바로 최승구에 대한 추모의 정이 고

3　최승만, 『나의 회고록』, 인하대학교 출판부, 1985, 44~47쪽.

스란히 담겨 있다고 했다.

나혜석의 첫사랑인 최승구의 갑작스런 죽음은 그녀를 실의와 절망에 빠뜨리고 말았다. 나혜석은 최승구의 죽음이 자신에게 끼친 파급 효과에 대해서 말한 적이 있다.

> 벌써 옛날 내가 19세 되었을 때 일이외다. 약혼하였던 애인이 폐병으로 사거하였습니다. 그때 내 가슴의 상처는 심하여 일시 발광이 되었고 연하여 정신쇠약이 만성에 달하였었습니다. 그해 여름 방학에 동경에서 나는 귀향하였었나이다. (「이혼고백장」)

1916년 3월경 최승구가 죽자 나혜석은 일시적으로 발광 상태에 이르렀으며, 학적부에 의하면 장기간 결석을 했다.[4] 이 시기 최승구와의 일을 기록한 수필 「영원히 잊어주시오」[5] 라는 글도 있다. 일본에서 공부를 하다가 최승구가 요양하고 있는 고흥에 찾아가 며칠 병석을 지키던 나혜석에게 최승구는 손을 꼭 쥐며 "오해 없이 영원히 잊어주세요."라는 말을 했다고 한다. 자신이 병석에서 일어날 수 없음을 예감하고 진실로 사랑하는 사람에게 가장 깊은 마음을 고백한

---

4 이상경, 『인간으로 살고 싶다』, 한길사, 2002, 125쪽.
5 『월간매신』, 1934. 3.

것이다.

최승구 사망 후 여름에는 교토제국대학 법학부를 졸업한 김우영을 만났다. 1916년 7월 여름 방학에 귀향한 나혜석의 수원 자택에서 첫 대면이 이루어진 것으로 알려져 있으나 그 이전에 오빠 경석의 소개로 김우영과 알고 지냈을 것으로 추정된다.

불안한 결혼생활의 출발

1916년 여름 수원 집으로 나경석을 찾아왔던 김우영을 만난 이후 나혜석은 오빠의 강력한 권유로 김우영과 서로 도쿄와 교토를 오가며 만났다. 중간에 나혜석은 이광수와도 가깝게 지냈다. 이광수가 나혜석과 가까워지기 시작한 것은 최승구의 죽음을 전후한 시기로, 유학생 잡지『학지광』의 편집 발행인 겸 단골 필자였던 최승구가 세상을 떠난 직후인 1916년 3월호부터 이광수가『학지광』에 네 편의 글을 발표하던 때였다. 그러나 오빠의 반대로 나혜석과 이광수와의 관계는 오래 지속되지 못했다.

나혜석은 전에도 김우영과 몇 통의 편지를 주고받고 도쿄의 히가시오쿠보에서 자취할 때 자주 만나곤 하였었다. 1917년 8월 여름방학을 맞아 귀향하는 길에는 교토에 들러 약혼자인 김우영의 하숙집에서 며칠간 머물며 교토 시내를 관광했다. 그 뒤에도 졸업을 한 학기 앞두고 여름방학을 맞아 귀국하기 전에 졸업 작품을 위해 교토의 가모가와 주변을 많이 돌아다녔으며 교토의 여러 명소를 함께 구경하기도 했다.[6]

김우영과 즐거운 시간을 보내던 나혜석은 1917년 12월 도쿄에 있는 조선인 교회에서 세례를 받기도 했다. 그녀는 소학교 시절부터 교회를 다녔으며 유학 시절은 기독교적 삶의 절정기에 해당한다. 최승구가 죽은 이후 김우영과의 약혼 등 번민과 갈등이 심하던 1918년경에 쏟아져 나온 「경희」, 「광」, 「회생한 손녀에게」 등의 작품들에는 기독교 정신이 짙게 드러난다. 「경희」에서는 "하나님! 하나님의 딸이 여기 있습니다. 아버지! 내 생명은 많은 축복을 가졌습니다." 라고 이철원 김 부인의 딸보다 먼저 하나님의 딸임을 선언하며 축복을 구하는 기도까지 드렸다. 나혜석은 3·1운동과 관련된 혐의로 체포되었을 때도 신문조서에 예수를 소학교 때부터 믿었으며, 그 후 도쿄의 조선 교회에서 조선인 목사에게 세례를 받았다고 밝혔다. 5개월 감옥 생활이 끝나고 몇 년 후에도 "지금 생각컨대 하느님께서는 꼭 나 하나만을

6   정규웅, 『나혜석 평전』, 중앙M&B, 2003, 84쪽.

살려보시려고 퍽 고생을 하신 것 같다."[7]고 회상했다.

다시 오빠의 적극적인 주선으로 나혜석은 예술가가 아닌, 경제적 안정이 보장된 총독부 관리인 김우영과 결혼했다. 삶의 의미를 잃고 방황을 이어가던 나혜석을 묵묵히 수년간 기다리던 사람이 김우영이었다. 안타깝게도 첫 애인 최승구를 잊지 못한 채 미혼의 나혜석은 열 살 연상이자 상처해 아이가 있는 김우영의 간절한 요구를 받아들여 결혼하게 되었다. 이미 김우영은 1904년 19세 나이에 충주 김씨와 결혼해 딸 하나를 두고 있었다.

1920년 결혼 당시의 김우영은 서울에서 변호사를 개업한 엘리트였다. 김우영은 나혜석을 진정으로 사랑했다. 다만 나혜석이 갈구한 사랑은 이성이 기반이 되는 개성에 대한 이해를 바탕으로 한 사랑이었다고 한다면 김우영의 사랑은 개성에 대한 이해보다는 본능에 가까운 성격의 사랑이었다고 할 수 있다. 다시 말하면 나혜석의 사랑은 바로 '결여'를 통한 자기 정체성의 완성이 궁극에 있는, 근대성으로서의 낭만적 사랑인 것이다. 자신의 사랑과 김우영의 사랑의 이상이 서로 맞지 않는 것임을 알고 있었던 나혜석은 현실

7   나혜석, 「모된 감상기」, 『동명』, 1923. 1. 1~21.

과의 일종의 타협점을 찾지 않을 수 없었고,[8] 그리하여 결혼
의 세 가지 조건을 내걸기에 이르렀다.

나혜석은 죽을 때까지 누적된 인습과 불합리한 통제에 철
저하게 맞섰고 그러한 저항의 결과로 새로운 시공간을 끝없
이 탄생시킨 인물이었다. 그러나 그러한 진취적이고 선구적
인 길은 결코 영광만이 있는 것이 아니라 오욕을 동반한 힘
겨운 여정이었다. 그녀가 요구한 결혼 조건을 보자.

> 일생을 두고 지금과 같이 나를 사랑해주시오. 그림 그
> 리는 것을 방해하지 마시오. 시어머니와 전실 딸과는 별
> 거케 하여주시오. 씨는 무조건하고 응낙하였습니다. 나의
> 요구하는 대로 신혼여행으로 궁촌 벽산에 있는 죽은 애인
> 의 묘를 찾아 주었고 석비까지 세워준 것은 내 일생을 두
> 고 잊지 못할 사실이외다.(「이혼고백장」)

개인 대 개인의 결합으로 가정을 평등하게 꾸려가고 싶었
던 나혜석이 제안한 결혼 조건의 내용을 보면 그녀의 사고
는 온전히 '나'를 중심으로 하는 서양의 존재론적 관점에 가
깝다고 할 수 있다. 그렇게 독특하게 요구하는 결혼 조건을

---

8   이태숙, 「유리성의 공주에서 탕녀로, 다시 근대의 여신으로」, 『제3
의문학』 26호, 제3의문학, 2007, 6~28쪽.

남편은 거의 다 들어주었다. 나혜석은 결혼 전 '비석 세우기'를 포함하는 네 가지 조건을 제시하여 승낙을 받아내는 데 성공하며, 이 약속을 이행하려 애쓰는 남편을 보면서 그녀는 근대 가정 안에서 남녀평등을 이룰 수 있다고 믿었을 것으로 보인다. 이상/현실, 남/여, 예술/가정 등이 하나로 어우러지는 융합의 경지가 자기 앞에 도래하는 것으로 여겨졌을 것이다.

당당하게 남성과 동등한 인간이 되고 싶었던 나혜석은 나이 24세에 한국 최초로 결혼 청첩장을 『동아일보』에 공개하면서, 앞서 나온 대로 열 살 위인 김우영과 떠들썩하게 결혼을 하게 되었다. 나이 차이는 물론 딸을 둔 기혼자인 남자와 결혼하는 것일 뿐만 아니라 결혼 조건도 파격적이었다.

나혜석과 김우영은 1920년 4월 10일 근대문화의 요람이라 할 수 있는 정동제일교회에서 결혼식을 거행하였다. 전형적인 서구식 예복을 차려입은 신랑과 달리 흰 치마저고리에 흰 버선과 고무신을 신고 그 위에 면사포를 쓴 신부의 복장은 눈길을 끌었다. 신부의 차림새는 서양식과 조선식의 융합이었다. 『동아일보』에 이들의 사진과 함께 결혼 소식이 보도되었다.

결혼식을 치른 다음 날 나혜석은 신랑과 함께 고흥의 깊은 산속에 있는 죽은 옛 애인의 묘지를 찾아갔다. 비상식적인 신혼여행은 나혜석의 사랑과 결혼에 대한 인식과 태도를 잘 보여준다. 두 사람의 가치관과 성향이 너무 달랐기 때문에 어쩌면 김우영과 나혜석의 결혼도 시초부터 불행을 잉태하고 있었다고 할 만하다. 더구나 최승구에 대한 생각이 좀처럼 지워지지 않는 것은 결혼생활 내내 나혜석을 무겁게 짓누르는 고통이었다. 앞에서도 말했듯이 나혜석은 형식에 얽매인 결혼식을 반대하였다. 그녀는 지각 있는 사람이라면 모든 진부한 의식이나 케케묵은 관습에서 벗어나야 한다고 주장했다.

신혼여행길에 남편과 옛 애인의 무덤을 찾아가 비석을 세운 나혜석의 행동을 경박하고 무례한 것으로만 볼 수 없을 것이다. 옳다고 믿는 자기의 생각이 있으면 늘 행동으로 실천해야 한다고 여겼던 그녀의 입장에서 이 사건은 나름의 논리를 갖는 처신이었다고 본다. 과거의 연애가 숨겨야 할 사실이 아니라 인간의 사람 노릇으로 진실한 것이었음에 떳떳하고, 그 과정을 거친 후 과거를 과거로 확실하게 정리한 다음 새로운 관계를 열어야 한다는 논리가 그런 행동을 낳았을 것[9]이라고도 한다.

---

9   이상경, 「가부장제에 맞선 외로운 투쟁」, 『역사비평』 33호, 역사문제연구소, 1995, 321~339쪽.

나혜석은 신랑의 승낙을 받아 자신의 과거를 청산할 만큼 자신만만했으며 또한 그녀가 내건 세 가지 결혼 조건도 쉽게 절제가 안 되는 솔직하고 자유로운 그녀의 성정의 발로요, 오늘의 여성도 감히 내세우기 어려운 파격에 가깝다고 할 수 있다. 당시 '우리'에 갇혀 여성이 '나'라고 말하는 것은 얼마나 어려운가? 그러나 나혜석은 여성으로서의 나를 말하기 위해 평생 주저하지 않고 최선을 다했다. 너/나의 조화를 이상으로 삼는 나혜석은 남녀평등의 융합적인 가정상을 꿈꾸었고 이루고자 노력했다.

무엇보다 당시 여자가 결혼하면 시집살이라는 제도권 안으로 들어가는 것이 관습이었으나 이를 거부하고 자신의 지속적인 예술 활동을 보장하라는 약속을 받아낸 것은 용기 있는 저항이었다. 나혜석은 1920년 6월 28일 경성부 인사동 26번지로 혼인신고를 하고 서울 숭이동에 거처를 마련한 뒤 시어머니와 1년간 동거하였다.

결혼 후 26세 나이에 나혜석은 여성 화가로는 처음으로 개인 전시회를 열었다. 사적 영역에서의 삶이 보호받을 수 있도록 근대화되지 않는다면 개인은 상이한 삶의 대립을 견디기 힘들어진다. 일찌감치 이를 간파한 나혜석은 결혼이라는 중대한 결단 이후 펼쳐질 낯선 세계에 대한 원칙과 기준을 자신에게도 그리고 남편에게도 명확하게 제시한 것이다.[10] 여러 가지 조건을 쾌히 승낙한 남편과의 결혼생활은 말 그대로 행복한 나날이 되었다. 결혼 직후에는 생활에 안정을 얻고 마음대로 여행도 다니며 미술전시회를 관람하고 개인전도 열었다. 그녀는 딸과 아들을 낳고 자신이 원하는 바를 다 이룬 듯한 행복감을 만끽할 수도 있었을 것이다. 결혼 후 처음 발표한 글이 남편과 연애하던 시절을 담은 「4년 전의 일기 중에서」[11]였던 것도 그런 여유로움과 자신감 속에서 나온 것이라 본다.

남편 김우영은 변호사이자 외교관이었다. 1921년 김우영이 중국 안동현(현 단둥시)의 부영사로 부임하여 가게 되었다. 나혜석은 그곳에서도 부영사의 아내로만 지내지 않았다. 글 쓰고 그림 그리는 일은 물론 야학을 열고 독립운동을 하는 등 새로운 도전의 삶을 살았다. 도발적인 조건을 내세우고 이루어진 나혜석의 결혼생활은 아내를 존중하려는 남편의 노력으로 많은 약속이 이루어졌지만 모든 면에서 만족스러울 수는 없었다.

그 무렵 안동현 부영사직에 약 6년가량 근무하던 김우영은 1927년 5월 28일 외무성에 의해 구미 제국에 출장 명령

---

10   유진월, 『신여성을 스토리텔링하다』, 평민사, 2021, 30쪽.
11   『신여자』, 1920. 6.

을 받았고, 6월 19일 부산진역에서 나혜석은 남편과 함께
세계 일주를 떠나게 되었다.

4
정조는 취미라 선언하다

나혜석은 남성 중심적 가치관에 맞서 여권이 보장되는 이상적인 삶을 기원했다. 그러한 가치의 실현을 위한 그녀의 노력은 실제로 남다른 연애와 결혼 그리고 이혼으로 이어졌다. 그러한 경험을 기반으로 그녀는 '시험결혼' 등 새로운 결혼관을 주장하면서 '정조는 취미'라는 신정조관을 선언하기에 이르렀다. 나혜석은 근 100년 전에 여성 개인의 자율권 확보와 함께 성적 권리의 보장을 주장한 것이다.

최린과 사랑에 빠짐

1927년 봄 만주 안동현의 살림을 정리하고 귀국한 나혜석은 아이 셋을 시어머니에게 맡기고 그해 6월 19일 남편 김우영과 함께 부산을 출발하여 구미 여행길에 올랐다. 당시 큰아이 나열은 여섯 살이었고 둘째 아이 선은 세 살, 심지어 막내 진은 3개월밖에 안 된 갓난아이였다. 상식을 넘어서는 세계 일주의 감행이었다. 시베리아 횡단열차를 타고 모스크바를 거쳐 부산을 떠난 지 한 달 만인 7월 19일 파리에 도착했다.

스위스, 벨기에, 네덜란드 등을 여행하고 돌아와 김우영은 법률을 공부하기 위해 베를린으로 가고 나혜석은 파리에서 야수파 화가인 로제 비시에르의 화실에 다니면서 그림 공부를 하고 있었다. 그러던 중 1927년 후반에서 1928년 초까지 3개월 미만 자신을 돌보아주던 남편의 친구이자 저명인사인 최린과 불륜의 관계를 맺게 된다. 남편 김우영과 최린은 평소 친형제와 같이 지낸 사이로 파리에 있을 때 김우영이 최린에게 나혜석을 보호해주도록 부탁할 만큼 가까웠으며 독일에서는 함께 여행도 했다.[1] 김우영은 일본 유학 중에도 독립운동과 관련하여 1918년에 잠시 귀국해 최린을 방문하여 자신의 계획을 의논했다[2]고 한다. 나혜석이 최린

---

1   최린, 「구미제국의 遊歷」, 『여암문집』 상, 여암최린선생문집간행위원회, 1971, 272쪽.

2   김우영, 『회고』, 신생공론사, 1954, 72~73쪽 ; 이용창, 「나혜석과 최린, 파리의 자유인」, 『나혜석 연구』 2집, 나혜석학회, 2013, 92쪽

을 처음 알게 된 것은 큰오빠 홍석을 통해서였다. 둘째 큰 아버지인 나기형에게 입양된 홍석과 최린은 일본 유학 시절 학회에서 같이 활동을 하는 등 친분이 있었다. 작은오빠 경석 역시 같은 학회 회원으로 활동하던 시기 최린이 학회 수장을 맡을 만큼 서로 잘 아는 사이였다.

최린은 1904년 7월 황실 특파 유학생에 선발되어 그해 10월 일본 유학을 떠나 1909년 7월에 메이지(明治)대학 법과를 졸업했다. 그는 유학 기간에 동맹휴교를 주도하는 등 일본의 국권 침탈에 대항했고, 많은 유학생들의 구심점 역할을 했다. 그는 귀국 후 천도교에 입교 확고한 지위를 차지했고 3·1운동 당시 민족대표 33인으로 투옥되면서 일반에 널리 알려지게 되었다. 최린은 한시에 출중하였고, 서화에도 재능이 있어 1922년 제1회 조선미술전람회에 〈난(蘭)〉을 출품해 입선하였다. 국악과 가야금에 취미가 있어 음악회도 꾸릴 만큼 예능에 조예가 깊었다. 심지어 활도 잘 쏘아 궁술회에 출전하고, 바둑에도 상당한 실력이 있었다[3]고 한다.

기록에 따르면 최린의 경우 두 번 결혼한 것으로 추정된

재인용.

3   차상찬, 「人物月旦; 최린종횡관」, 『혜성』 제1권 제7호, 1931. 5. 102
    쪽; 이용창, 「나혜석과 최린, 파리의 자유인」, 『나혜석연구』 2집, 나
    혜석학회, 2013, 77쪽 재인용.

다. 1890년 13세 때 함흥부 덕산면에 사는 밀양 박씨와 결혼하여 그 사이에 두 아들이 있었으며, 1927년 파리에서 나혜석을 만날 당시의 부인은 천도교인 김우경이었다. 최린은 나혜석보다 18세 연상이었으며 천도교의 최고 지도자인 도령이자 사회적으로도 주목받는 인사였다. 천도교단을 대표하는 최린은 1926년 10월 구미 시찰길에 나서 파리에 도착한 것이었다. 그는 나중에 중국을 거쳐 1928년 4월 서울로 돌아오게 된다.

1927년 11월 11일 나혜석은 최린과 펠리시앙 샬레의 집을 방문하였다. 파리대학 교수인 샬레는 제네바의 군축회의에 맞서 열리는 세계약소민족회의 부회장으로서 최린이 12월 9일 브뤼셀에서 열린 세계약소민족 대회에 참가하여 연설하는 것을 주선해주었다. 이를 계기로 나혜석은 3개월간 샬레의 집에 하숙하면서 최린과 함께 파리 관광을 하게 되었다. 나혜석과 최린은 첫 만남 이후 매우 가까워져 당시 유학생들 사이에서는 '나혜석은 최린의 작은댁'으로 불릴 정도였다고 이종우는 전한다.[4] 이종우는 나혜석과 김우영이 1927년 7월 파리에 도착했을 때 영접했던 인물인데, 일본에서 유학한 그는 한국인 최초의 도불 화가로서 나혜석이 파

---

4   이종우, 「양화초기」, 『중앙일보』, 1971. 8. 28.

리에서 지내는 동안 많은 도움을 주었다. 나혜석과 최린이 샬레의 집을 방문할 때도 동행한 것으로 추정된다.

이혼 후 최린을 대상으로 변호사 소완규를 통해 작성한 고소장에는 "1927년 11월 20일 최린의 요청으로 에로틱한 오페라를 관람했고, 오페라가 끝난 후 나혜석의 숙소인 '셀렉트 호텔'로 따라가 강압으로 관계를 맺었으며 이후 수십 차례 정조를 유린했다."[5]고 되어 있다. 그러나 나혜석은 「이혼고백장」에서 "나는 공을 사랑합니다. 그러나 내 남편과 이혼은 아니하렵니다."라고 실토한 바 있고, 유진월은 나혜석이 스스로 선택한 사랑에 대한 용단을 행하며 최린의 비겁한 태도를 지적하는 모습을 형상화한 바 있다.[6] 나혜석은 연말을 남편과 함께 보내기 위해 12월 24일에 독일 베를린으로 갔다가 1928년 새해를 맞이한 뒤 4일에 파리로 돌아왔으며, 최린은 1월 10일 파리를 떠나 동유럽과 시베리아를 거쳐 조선으로 돌아갔다.

나혜석은 여러 글에서 파리에 대한 애착을 보여주었는데, 파리는 그녀가 처음으로 일상의 생활을 떠나 개인으로서의 여유를 찾은 휴식의 공간이었다. 아내나 어머니로서가 아닌

---

5 『동아일보』, 1934. 9. 20 ;『조선중앙일보』, 1934. 9. 20.

6 유진월, 〈불꽃의 여자 나혜석〉, 극단 산울림, 2000. 10. 16~12. 31. 공연.

여성으로서의 삶의 기회를 가질 수 있었다. 도덕적 긴장을 풀었던 파리에서의 불미스러운 사건은 한국으로 돌아온 후 그녀를 그림자처럼 쫓아다녔다. 그러나 이혼도 당해야 하고 위자료 청구 소송까지 해야 하는 고난 앞에서도 "이것이 분풀이의 결실이라 하더라도 내게도 그다지 상쾌한 일이 되지 못하거니와 C의 마음은 오죽했으랴."(「신생활에 들면서」)라고 실토했다. 소송과 합의 과정에서 불거진 일로 편치 않았을 상대의 심정을 헤아리는 데서 최린에 대한 나혜석의 자유로운 사랑을 충분히 느낄 수 있다. 그녀의 희곡 「파리의 그 여자」(1935) 3막에서 "그때가 좋았다"며 과거를 회상하는 최린과 자신의 모습이 그려지는 것도 매우 자연스럽다. 불륜녀로 비난받았을 때도 나혜석은 사랑 자체에 대해 후회하지는 않았다. 다만 비열하게 행동하는 최린의 태도에 분개하여 공론화시켰던 것이다.

나혜석과 최린의 만남에 대해서 나혜석의 조카이자 오빠 경석의 딸인 나영균의 증언은 주목할 만하다. 나영균은 최린의 경우 예술가의 기질이 있었으며, 호인이지만 재미없는 사람이었던 김우영에 비교한다면 죽은 애인 최승구를 연상시키는 사람이었다[7]고 한다. 나혜석에게 사랑은 단순히 이

---

7   나영균, 『일제시대 우리가족은』, 황소자리, 2004, 171~172쪽.

성의 만남이나 긴 시간의 문제만은 아니었던 듯하다. 진정한 이해나 직관적 소통 같은 요소가 관건이었다고 본다. 예술의 동반자가 되지 못하는 남편에 대한 불만을 지니고 있던 나혜석은 최린을 만나 함께 관광을 다니고 예술을 이야기하면서 일상의 생활과 예술을 동시에 향유할 수 있는 가능성을 잠시나마 느꼈을 것이다.

"나는 제네바에서 어느 고국 친구에게 다른 남자나 여자와 좋아 지내면 반면으로 자기 남편이나 아내와 더 잘 지낼 수 있지요?"(「이혼고백장」)라고 말한 바도 있는 나혜석으로서 최린과의 불륜은 죄의식 없는 나름의 순수한 열정이었다. 그녀는 부부간의 신뢰가 전제된다면 다른 이성과의 관계가 정당할 수 있을 것이라 오인 행동하였다. 인간답고 자유로운 여성의 삶을 꿈꾸던 나혜석의 현실적 갈등을 잘 보여주는 사례로서 그녀가 얼마나 이상/현실, 사회/가정, 화가/현모양처 등의 융합적 경지를 염원했는지 감지할 수 있다. "화가이자 현모양처로서 근대적 가정을 꾸려나간 나혜석의 삶은 신여성의 동경의 대상이었다."[8]고 하는 것도 이를 뒷받침한다.

---

8 「방문가서 감심(感心)한 부인; 김우영 씨 부인 나혜석 씨」, 『별건곤』, 1930. 2.

파리에서 구축한 나혜석의 이상세계는 조선으로 돌아오는 순간 완전히 무너졌고, 기다리는 것은 냉엄한 현실뿐이었다. 그녀는 1929년 3월 12일 부산에 도착하여 동래 시댁에서 살았다. 6월 20일 셋째 아들을 낳았는데, 혁명과 건설의 도시 파리의 산물이라는 의미의 '건(建)'이라는 이름을 붙여주었다. 아이 셋과 시댁 식구를 모시는 힘겨운 생활을 하면서 최린에게 상담을 요청하는 편지를 썼다. 그러나 이 편지가 세상에 알려지면서 헤어날 수 없는 오해와 갈등이 불거졌다. 남편은 아내를 전혀 믿지 못하고 주변인들은 이를 방관하면서 결말을 궁금해할 뿐이었다. 나혜석은 불륜으로 비화되는 상황의 전개에 속수무책일 수밖에 없었다. 정조를 지키지 않은 부도덕한 인간으로 낙인찍혀 비난을 받는 한편 김우영과 최린 모두로부터 배척당하면서 나혜석은 궁지에 몰리고 있음을 감지하게 되었다. 사회의 안이한 통념과 위선은 차치하고라도 분노한 남편의 간통죄 협박은 안타까움으로 다가왔으며, 인격이 부족해 일어난 사건임을 자인한 마당에 철저히 매도하는 남편이 야속하다는 생각도 들었다. 특히 자신으로 일어난 일에 대해 일말의 책임을 지지 않는 최린의 노회한 술수를 보면서 분하다는 느낌이 들었다. 최린은 귀국 후 작품 활동을 후원하겠다는 약속을 파기하고 전혀 모르는 사람처럼 그녀를 철저히 외면했다. 이제 나혜석은 남성들의 이중적 태도를 확실히 깨닫게 되었다.

이혼 논란에 휩싸여 있던 와중에 나혜석은 새로운 결혼관을 제안하기에 이른다. 잡지사와의 좌담에서 결혼의 목적은 자녀가 아닌, 배우자를 얻는 데 있다면서 '시험결혼(우애결혼)'을 주장하였다. 무엇보다 조혼 등 불행한 결혼으로 고통을 이어가면서도 사회적인 압박과 생계 문제로 이혼을 쉽게 결행하지 못하는 여성들을 위해 당시 유럽에서 제창되고 있던 '시험결혼'을 제안한 것이다. 시험결혼의 특색을 묻는 기자의 질문에 그녀는 "이미 시험이니까 그 결과에 대하여 어느 편이나 절대적인 의무를 지지 않지요. 쉽게 말하면 이혼한다 셈치더라도 위자료니 정조 유린이니 하는 문제가 붙지 않겠지요."[9]라고 답했다. 제도에 얽매여 자아를 드러내기 힘들던 시대에 자유 이혼의 길을 여는 데 도움이 될 만한 탁견이라 할 수 있었다. 유럽 여행과 신문명에 대한 경험을 바탕으로 한 혼전동거 즉 시험결혼의 제안은 여성에게 사랑의 권리를 부여하는 결혼제도의 보완책이 될 만하였다. 더구나 현재에도 한국 사회 관념상 전반적으로 쉽게 허용되지 않거나 부정적 인식이 적지 않은 혼전 동거는 물론 이혼의 급증 현상을 감안할 때 나혜석의 주장은 충격을 넘어 100년을 앞

---

9   대담 「우애결혼 · 시험결혼」, 『삼천리』, 1930. 6.

서간 것이라 하겠다.

마침내 최린과의 불륜으로 촉발된 이혼은 나혜석의 나이 34세가 되는 1930년 11월 20일에 이루어졌다. 김우영은 이미 다른 여성과 살림을 차리고 있었으나 「이혼고백장」(1934)을 쓸 때까지만 해도 나혜석은 이혼을 돌리고 싶은 생각이 있었다. 「이상적 부인」(1914)에서 현모양처에 대해 강력하게 부인하던 그녀가 20년 뒤 「이혼고백장」에서 현모양처를 긍정하는 듯한 태도를 보이는 것도 이와 무관하지 않다. 그녀는 자신의 불륜으로 인해 남편과의 인격적 통합을 깨고 가정의 불화를 야기한 잘못을 인정하고 사과했다. 그러나 나혜석이 "나를 참회할 만한 촌분의 틈과 촌분의 여유도 주지 아니한 씨가 아니었습니까? 어리석은 나는 그래도 혹 용서를 받을까 하고 애걸복걸하지 아니하였는가."(「이혼고백장」)라고 토로했듯이 가부장적 문화에 길들여진 김우영은 나혜석에게 속죄의 기회를 주지 않았다.

급기야 나혜석은 1934년 8~9월에, 김우영을 만나서 연애하고 결혼하고 이혼하기까지의 전모를 밝히는 「이혼고백장」을 발표했다. 그리고 이혼을 요구한 김우영에게는 자녀양육권과 재산분할권을 주장했고, 최린을 상대로는 정조유린에 대한 손해배상청구소송을 했다. 먼저 이혼과 함께 어머니의 친권이 박탈되고 돈 한 푼 없이 쫓겨나게 되는 가족제도에 분노를 느끼지 않을 수 없었던 나혜석은 자녀양육권과 재산분할권을 주장하기에 이르렀던 것이다. 아내의 재산분할권, 어머니의 친권 등이 1990년대 초반에 와서야 인정된 것을 감안하면 김우영에게 요구한 나혜석의 주장은 새삼 놀랍지 않을 수 없다. 한편 1934년 9월 최린을 대상으로 소완규 변호사가 대리 주도한 위자료 청구소송 사건이 당시 언론[10]에 크게 보도되었으나 최린의 압력으로 기사는 삭제되고 나혜석은 소송을 취하하는 조건으로 수천 원을 받았다. 나혜석의 솔직한 행동들은 그녀를 더 비참하게 만들었고 그동안 쌓아올린 성과들은 모두 사라져버리고 남은 것은 불륜녀라는 손가락질뿐이었다.

삶의 회복을 위해 쓴 「이혼고백장」에 의해 오히려 나혜석은 사회로부터 고립되고 말았다. 다음 해에 발표한 「신생활에 들면서」에서는 자신의 과거와 현재와 미래를 다 알고 있는 조선이 싫다면서, "그렇게 쾌활하고 명랑하던 내가 소금에 푹 절인 사람이 되고 말았다. 얼이 빠지고 어릿어릿하고 기운이 없고 탄력이 없다."고 했다. 격앙된 어조와 함께 절망을 넘어 다소 이성을 잃은 절규마저 느끼게 된다. 진정성을 붙들고 살아온 그녀에게 삶의 의지를 앗아가는 조선사회

10 『동아일보』, 1934. 9. 20.

의 봉건성을 마주하는 듯하다. 나혜석은 이혼만은 막아보려고 이광수에게 중재를 부탁하기까지 할 정도로 안간힘을 썼으나 허사였고, 「이혼고백장」이라도 써서 돌파구를 찾아보려 노력을 했으나 모두가 실패로 끝나고 말았다. 나혜석은 자유로이 결혼도 해보았고 이혼마저 겪고 나서 깊은 생각을 갖게 되었다. 결혼에서 주체적인 선택이 중요하다는 생각에는 변함이 없었으며, 결혼의 규범이나 형식이 문제될 수 없다는 생각이 확고해졌다.

나혜석의 파리 사건은 주체가 여성이라는 이유로 당시의 남성들에게는 흔히 용납되기도 했던 자유연애가 허용되지 못했고, 예술가의 개성의 발현이라는 측면에서 이해하려는 이는 없이 유부녀의 스캔들로만 인식되었다. 이로써 여성/남성, 예술/가정 등의 이분법적 시각에 따른 여성의 차별과 억압을 명확하게 보여주었다. 가부장적 권위에 의해 나혜석은 가문에 먹칠을 하고 남편의 명예를 실추시킨 파렴치한으로 끌어 내려져 그간의 예술적 사회적 성취를 모두 박탈당하는 징계를 받아야 했다.

정조는 오직 취미

성적 주체성 발현의 가장 두드러진 사례로 정조 관념의 새로운 변화를 들 수 있다. 1920년대 신여성들은 여성해방을 지향하면서 정조에 관한 논의를 통해 자신의 성적 주체성을 찾고자 했다. 개방적인 여성의 정조 관념을 바라보는 당시 대부분의 남성들의 인식은 부정적이었다. 신교육을 받은 지식인으로 대표되는 김동인의 경우, 엄청난 여성 편력을 자랑하는 호색가였으면서도 여자들에게는 정숙을 강요했다. 가부장적 남성의 상징이기도 한 김동인은 소설 「감자」(1925)에서 주인공 복녀를 통해 여성들의 정조 관념의 상실에 대해 비판을 가하였다.

신여성 중에서도 나혜석이 주장하는 정조관은 당시 사회의 주목과 함께 많은 공격의 대상이 되었다. 근대적 주체로 거듭나고자 하는 나혜석의 자유와 파격은 끊이지 않았고, 이혼 후에도 불륜과 일탈에 대한 정당화 등의 언행이 이어졌다. '혼외정사는 진보된 사람의 행동'이라고 주장하는 가운데 나혜석은 과감하게 자신의 입장을 밀고 나가면서 '정조'에 관한 다음과 같은 폭탄선언을 하기에 이르렀다. 그녀의 정조관은 자신의 성적 욕망을 타자가 강제적으로 누를 수 없다는 여성 정체성의 확보와 인간 주체의식의 소산이라는 차원에서 가히 혁명적이라 할 만하다.

> 정조는 도덕도 법률도 아무것도 아니요, 오직 취미다. 밥 먹고 싶을 때 밥 먹고 떡 먹고 싶을 때 떡 먹는 거와 같이 임의용지(任意用志)로 할 것이요, 결코 마음의 구속을 받을 것이 아니다. 취미는 일종의 신비성이니 악을 선으로 해석할 수도 있고 추를 소(笑)로 화할 수도 있어 비록 외형의 어느 구속을 받는 한이 있더라도 마음만은 자유자재로 움직일 수 있나니―『신생활에 들면서』

정조는 개인의 취미와 같기 때문에 '나' 스스로의 선택에 의해 결정되는 것이지 결코 외부의 도덕이나 법률이 관여할 사항이 아니라는 참신하고 합리적인 주장이다. 여기서 사용된 '취미'는 나혜석이 좋아하는 용어로, 어쩔 수 없이 행하는 '의무'와 거의 대조되는 뜻으로서 쾌락이 일어날 만하게 자발성을 지니는 것이라 할 수 있다. 나혜석은 '취미'를 설명하면서 "여자는 일평생 다듬이, 빨래하기에 꽃이 언제 피는지, 단풍이 지거나 말거나 이렇게 철두철미로 취미가 없이 살아왔습니다. 우리는 장차를 살기 위하여 사는 것이 되지 말고, 사는 것이 유쾌하도록 살아가야 할 것입니다."(『생활 개량에 대한 여자의 부르짖음』)라고 했다. 그리고 나혜석은 아내나 남편이나 의무가 아닌 재미, 즉 취미로 가정일을 해야 한다고 '취미'를 강조한 바 있다.

'정조가 오직 취미다'는 근본적으로 남성/여성, 지배/피지배, 이성적/본능적 등의 이분법적 사고에 반하는 융합적 인식론에 바탕을 둔 것이라 할 수 있다. 나혜석은 철저하게 남녀가 독립적 인격체로서 지배와 억압이 아닌 자유롭고 평화로운 대등한 관계가 되어야 한다는 진보적인 의식을 가졌다. 정조 또는 처녀성이라는 것이 남성들의 이기심에서 나온 관념이기에 그녀는 "처(妻) 되고 모(母) 된, 즉 성적 방면으로 여자의 본능을 발휘함으로부터 여자의 개성력과 성적 각성을 겸비한 여자라야만 참사람인 여자가 된다."[11]라고 여성 주체의 성적 본능과 각성을 역설했던 것이다.

정조에 대한 위와 같은 '취미' 발언은 '성적 자기 결정권'이라는 말로 자주 거론되는 지금과 같은 남녀평등 사회에서도 쉽게 용납되기 어려운 것이다. 위 주장은 '여자이기보다 인간이 먼저'라는 진지한 생각 속에서 개성과 자아를 깨닫고 세워나가는 이상적 여성을 염두에 둔 나혜석의 자연스런 발상이다. '정조는 취미'라고 하는 것이 단순히 최린과의 관계나 이혼을 변명하기 위해 발언한 것일 수 없으며 남성과 같은 여성의 성적 자율권의 차원에서 나온 것임이 분명하

11 나혜석, 「여학교를 졸업한 제매에게」, 『부인』, 1923. 6.

다. 즉 '정조는 취미'라는 주장은 정조에 관한 남녀의 성차별을 넘어서는 융합적 관점의 표출이라 해야 할 것이다.

안타깝게도 천부적으로 자유롭고 대범한 성정에서 발로되는 그녀의 강력한 성평등적 주장은 당시의 고루한 사회에서는 수용될 수 없었고, 오히려 비윤리적 발언의 상징과 같은 족쇄가 되어 오늘날까지 나혜석을 비난하는 근거 자료가 되고 말았다. 그러나 본능을 핵심으로 하는 그녀의 정조관이 인간이 지닌 감정의 자유로움을 반영한다는 점에서 소홀히 할 수 없으며, 정조란 제도적으로 강제할 것이 아니라 개인적인 선택의 문제임을 언급한, 즉 성적 욕망에 대한 자기결정권을 지적하고 있다는 점에서 설득력을 얻는다.

위와 같은 정조에 관련해 언급한 뒤로 나혜석은 "정조 관념을 지키기 위해 신경쇠약에 들어 히스테리가 되는 것보다 돈을 주고 성욕을 풀고 명랑한 기분으로 살아가는 것이 아마 현대인의 사교상으로도 필요할 것이라."[12]고 주장했다. 남녀의 전인격적 통합을 중시하던 그녀는 여성의 성적 욕망을 인정하고 여성에게 쾌락을 추구할 권리가 있음을 천명하였다. 나혜석은 때로는 독신을 찬양하기도 했지만 현실적으로 독신생활을 부자연스러운 것으로 인식하는(「신생활에 들

---

12 나혜석, 「독신 여성 정조론」, 『삼천리』, 1935. 10.

면서」) 등 이분법적 선택의 지양에 따라 독신/결혼 어느 한 쪽으로 치우치지 않으려는 융합적 시선을 유지했다.

이러한 여성의 주체적 섹슈얼리티에 대한 논의는 순결 이데올로기를 극복하는 대안이 될 뿐만 아니라 여성을 타자적 지위에서 탈출시킬 수 있는 진정한 여성해방의 길이 된다는 점에서 의미가 크다. 더구나 우리 사회에서 개인의 성적 자유를 확보하는 것이 인간 해방의 첩경이라는 성해방 담론이 공론화된 것이 1990년대 중반이며, 여성들이 여성의 섹슈얼리티를 이야기하기 시작한 것이 1990년대 후반[13]임을 상기한다면 나혜석의 주장이 얼마나 선구적인지를 인정하지 않을 수 없다. 또한 지금도 정조 관념은 남성에게 더관대한 편임을 감안하면 그녀의 언행이 얼마나 진취적인지를 새삼 가늠하게 된다.

이혼하고 4년이 지난 1934년에 마침내 그녀는 앞에서 언급된, 1500장 분량의 「이혼고백장」을 발표하기에 이른다. 「이혼고백장」의 앞부분에서 "나는 좀 더 사회인으로, 주부로 사람답게 잘 살고 싶었습니다."라고 했듯이 사회/가정을 균형 있게 중시하고 이상적인 결혼생활을 꿈꾸며 무난하게

---

13 정순진, 「여성이 여성의 언어로 표현한 여성 섹슈얼리티-나혜석의 페미니스트 산문을 중심으로」, 『인문과학논문집』 39집, 대전대학교 인문과학연구소, 2005, 45~57쪽, 재인용.

살아가고 있다고 믿고 있었던 나혜석으로서는 이혼의 성립이 억울하다는 생각이 들었음에 틀림없다. 따라서 그녀는 이혼당한 수치스러움을 넘어 파혼의 과정을 차분히 정리하고 분석하여 공론화함으로써 세간의 이해를 얻을 수 있을 것이라 판단했다. 다시 말해 자신의 처지를 솔직하게 전하고 체험을 다른 사람과 나누고 싶은 자기 구원의 감정과 책무를 느꼈을 것이다.

사실 고백적 글쓰기는 상대방과의 소통이 불가능하고 현실적으로 더이상 기대하기 힘들 때 어쩔 수 없이 선택하는 방식이라 할 수 있다. 절망 상태에 빠진 자신을 던짐으로써 타인과의 관계를 회복하고자 하는 극단적인 처방이라 하겠다. 엘렌 식수가 여성적 글쓰기란 지금까지 계속되어온 남근 중심적 상징 체계에서 벗어나고자 하는 긍정적이고 적극적인 전략이라[14]고 주장했듯이 여성들은 자신이 당면한 억압에 저항하고 해방을 추구하는 과정에서 부딪히는 문제를 해결하기 위해 글을 쓴다고 할 수 있다. 여성들은 자신이 누구이며 남성 지배의 사회에서 얼마나 고통받고 있는가라는 자의식적 질문에 기초하여 자신을 드러내게 된다.

14 유흥주, 「고백체와 여성적 글쓰기─나혜석을 중심으로」, 『현대문학이론연구』 27권 0호, 현대문학이론학회, 2006, 201쪽 재인용.

이처럼 자신의 삶의 균형과 평온을 회복하고 새롭게 태어나고자 시도한, 자살이나 다름없는 나혜석의 「이혼고백장」이라는 글쓰기 행위에 대해 현실은 무심히 외면하고 말았다. 아니 충격을 감당하지 못하는 폐쇄적인 사회는 무참하게 비난과 조롱을 가하기까지 했다. 이와 같이 '정조는 취미다'라고 선언하기에 앞서 발표한 「이혼고백장」에서 나혜석이 자신의 불륜에 대해서 정직하게 밝힐 수 있었던 것은 여성에게만 강요되던 '정조론'에 대한 반발임은 말할 나위 없다.

조선 남성의 심사는 이상하외다. 자기는 정조 관념이 없으면서 처에게나 일반 여성에게는 정조를 요구하고 또 남의 정조를 빼앗으려고 합니다. …(중략)… 종종 방종한 여성이 있다면 자기가 직접 쾌락을 맛보면서 간접으로 말살시키고 저작(咀嚼)시키는 일이 불소하외다. 이 어이한 미개명의 부도덕이냐.(「이혼고백장」)

나혜석은 인습적인 젠더 규범을 탈피해야 한다고 일갈했다. 정조를 포함하여 남성/여성의 성에 대한 접근에 차별이 엄존함을 지적하지 않을 수 없었다. 축첩을 일삼고 기생들과 놀아나는 남성들의 오랜 폐습과 소박과 이혼으로 인해 인간적 권리를 박탈당한 채 살아가는 여성들의 현실을 도외

시하는 사회를 통렬히 비판한 것이다. 사실 영향력 있는 나혜석의 아버지는 세 명의 첩을 두었고, 그중 한 명은 그녀보다 겨우 한 살 많았다. 이것은 나중에 나혜석의 가부장적 습속에 대한 반발과 더불어 자유연애와 성평등으로 눈을 돌리는 요인으로 작용했다고 본다. 경험에서 발로된 그녀의 주장은 지금도 남성에 비해 여성에 대한 성적 윤리가 더 엄격하게 적용되는 상황에 경종을 울릴 수 있다는 점에서도 호소력이 있다.

나혜석은 자유를 추구하는 자아와 개성의 발현을 근대의 정신이자 이상으로 여겼다. 그녀가 기회만 되면 남성들을 향해 여성을 인형으로 여기지 말 것을 경고하며 자신은 결코 남성들의 노리개가 될 수 없음을 선언했던 것도 이 때문이다. 다시 그녀가 '금욕생활'이라는 제목으로 「이혼고백장」에서 아래와 같이 말하는 것을 볼 수 있다.

나는 소위 정조를 고수한다는 것보다 재혼하기까지는 중심을 잃지 말자는 것이외다. 즉 내 마음 하나를 잊지 말자는 것이외다. 나는 이미 중실(中實)을 잃은 사람이 되고 말았습니다. 이에 중심까지 잃는 날은 내 전정은 파멸이외다. 오직 중심 하나를 붙잡기 위하여 절대 금욕생활을 하여왔사외다.

이혼 후에 오히려 금욕생활을 하고 있는 자신의 경험으로부터 정조란 개인의 자유로운 선택의 문제이지 강요할 것은 아니라고 발언한 것이다. 이렇듯 정조를 외부의 간섭 없이 스스로 결정해야 한다는 주장은 기존의 정조 관념을 해체하는 것으로서 사회에 큰 충격을 줄 수밖에 없었다. 한 여성을 파멸로 몰아넣은 최린과 김우영 등이 멀쩡하게 행세하는 사회에 대한 저항과 아무렇지도 않게 받아들여지고 있는 인습에 대한 공격은 통념을 넘어서는 것으로 큰 물의를 일으켰다. 더구나 나혜석은 남성 지식인들이 드러낸 생의 구체성과 유리된 추상적 개념이 아닌, 자신의 경험적 사고를 통해 인권의 확보와 개성의 창출을 강하게 주장함으로써 사회적 반발을 초래했다.

끝내 나혜석은 '정조는 오직 취미'라는 담대한 발언을 하면서 낡은 제도와 관습으로 찌든 현실을 떠나 파리로 다시 떠나야겠다고 생각했으며 건강이 완전히 무너지는 순간까지도 그녀의 소신은 달라지지 않았다. 그리하여 "청구씨여! 반드시 후회 있을 때 내 이름 한번 불러주소. 4남매 아해들아! 에미를 원망치 말고 사회제도와 도덕과 법률과 인습을 원망하라. 네 에미는 과도기에 선각자로 그 운명의 줄에 희생된 자였더니라."(「신생활에 들면서」)고 당당하게 외쳤던 것이다.

살펴본 바와 같이 나혜석이 '정조를 취미와 같다'고 한 주장은 인간은 스스로 성적 자율권을 가질 수 있다는 인식에서 출발한다. 이처럼 정조에 대해 강제적으로 타인이나 사회가 관여할 수 없다고 하는 것은 당연히 기존의 규범화된 도덕적 정조 관념에 대한 문제의식의 소산이었다. 따라서 정조는 책임과 의무에서 벗어나 자유로이 결정할 수 있는 것일 뿐만 아니라 남녀를 불문하고 정조가 필요하다는 것이요, 여성에게만 강요해서는 안 된다는 취지에서 나온 것임을 간과해서는 안 될 것이다.

5
모성 신화에 도전하다

―――――――

　나혜석은 첫딸을 낳고 돌이 되었을 때 여성이 어머니가 된다는 사실을 직시할 수 있었다. 출산과 육아가 주체적 인간으로서의 자기 확충과 사회 활동에 방해가 됨을 뼈저리게 느끼게 된 것이다. 1990년대 후반에야 '모성의 신화'를 깨뜨리려는 움직임이 일어나고, 심지어 오늘날 출산을 포기하는 신혼부부들이 느는 현상을 보면 일찍이 본능적으로 신비화된 모성에 대해 문제를 제기한 나혜석의 입장은 놀라울 정도이다. 사실 가부장적 체제에서 여성에게 강요되는 윤리적 자질로서의 모성이 주체적 여성들이 자신을 찾고자 할 때 도전을 받는 것은 마땅하기도 하다.

모성애는 형성되는 것

근대사회에서 공적인 영역으로 나온 많은 어머니들이 출산과 육아가 자아 발견과 정체성 확보에 엄청난 장애가 됨에도 불구하고 내놓고 말하지 못했고, 이는 지금까지도 크게 다르지 않다. 나혜석은 참된 기쁨과 축복으로 태어날 아기를 맞이하지 못하는 현실을 체험적으로 고백했다. 이야말로 한국의 여권운동, 여성해방론에서 획을 긋는 사건이 아닐 수 없다. 나혜석은 모성이라는 것이 모든 여성에게 태어날 때부터 가진 것이 아니라 시간이 지나면서 형성되는 것이라고 보았다. 즉 모성 신화에 반기를 든 것이다.

1921년 남편이 만주 안동현의 부영사로 전보 발령을 받음에 따라 나혜석은 함께 조선을 떠나야 했고 중국에서의 새로운 생활을 시작하게 되었다. 나혜석은 그림 그리는 일에 집중하고 싶었지만 당시 조선의 상황에서 시집과 완전히 단절된 생활을 할 수도 없었으며 임신과 출산의 경험은 커다란 어려움을 수반했다. 그녀는 솔직히 선천적 모성애를 이해할 수 없었고 나혜석은 이에 대한 생각을 공론화하기에 이르렀다. 모성을 객관적으로 바라보려는 이 입장은 심각한 사회적 논쟁을 불러일으켰고, 모성성과 어머니 되기의 문제에 관해 안타깝게도 일방적으로 비난만을 초래하였다.

세인들은 항용, 모친의 애(愛)라는 것은 처음부터 어머니 된 자 마음속에 구비하여 있는 것같이 말하나 나는 도무지 그렇게 생각이 들지 않는다. 혹 있다 하면 제2차부터 모(母)될 때야 있을 수 있다. 즉 경험과 시간을 경(經)하여만 있는 듯싶다. 속담에 '자식은 내리 사랑이라' 하는 말에 진리가 있는 듯싶다. 그 말을 처음 한 사람은 혹시 나와 같은 감정으로 한 말이 아닌가 싶다.(『모된 감상기』)

나혜석은 모성애라는 것이 처음부터 가지고 있는 것이 아니라 시간을 두고 기르는 동안 영아의 심신에 기묘한 변천이 생기어 평화로운 웃음으로 모심을 자아낼 때 비로소 짜릿짜릿한 모 된 사랑을 느끼지 않을 수 없다고 보았다. 솟아오르는 정의 본능성이 없다는 부인설이 아니라 자식에 대한 정이라고 별다른 것은 아니라는 말을 덧붙였다. 그녀는 타고난 모성성을 숭고한 미덕처럼 신비스럽게 인식하면서 마땅히 찬양해 온 세상을 향해 출산과 육아의 고통스러움을 과감하게 토로했다. 이는 현모양처론에 대한 전면적인 도전이었다. 현모양처가 되기 위해 일찍이 아무도 그 출산의 고통과 육아의 어려움을 드러내놓고 말한 적 없고 무조건 참고 의무로 받아들이면서 살아온 여성들을 대신하여 입을 연 나혜석에 대해 남성들의 맹렬한 비판이 퍼부어졌다.

위와 같이 '시간이 지나야 모성이 생긴다'는 주장을 뒷받침하는 근거로서 다시 그녀는 "유모에게 맡겨 포육케 한 자식에게는 별로 어머니의 사랑이 그다지 솟지 않는 것을 보면 알 수 있다."(「모된 감상기」)고 말하였다. 그동안 무비판적으로 언급되던 자식에 대한 모성애에 대해서 나혜석은 체험을 통해 자녀를 사랑하게 되었다고 실토하며 모성이 후천적 성향임을 강조했다. 더욱이 아들을 딸보다 귀히 여기는 풍습에서도 모성이 생래적이고 절대적일 수 없음을 확인하는 것이라 보았다. 모성애가 저절로 솟는 것이 아니라 가부장적 사회에 의해 교육되고 강요된 것이며, 모성 이데올로기가 지배적인 사회 분위기에서 여성들이 심각하게 억압받음을 그녀는 몸으로 느꼈다.

어머니와 자식들과의 관계를 나타내는 그녀의 생각은 첫딸 나열을 임신하고 출산하여 돌이 될 때까지를 솔직히 기록한 「모된 감상기」에서 눈여겨볼 수 있다. 철저하게 감각과 경험을 중시하는 나혜석은 이 글을 통해서 어떻게 어머니가 되어가고 있는가를 구체적으로 생생하게 제시하고 있다. 자식에 대한 모성이 처음부터 자연적으로 주어지는 것이 아니라, 시간이 지나면서 정이 쌓이는 가운데 모성을 느끼게 된다는 것이다. 그녀는 세상의 어머니가 되면 누구나 무조건 자식에 대해 사랑이 솟는다고 지금까지 인정해온 맹목적 모성을 부정하지 않을 수 없었다. 젖을 먹이고 부단히 접촉하면서 감각적 체험을 통해 모성을 획득한다는 것이다. 그녀는 「내가 어린애 기른 경험」(1926)이나 「이혼고백장」(1934)에서도 모성을 절대시하는 봉건적 관습에 정면으로 도전하게 된다.

나혜석의 입장에 따르면, 어머니라 하여 자녀에게 저절로 정이 넘쳐나는 것이 아니라, 천부적 모성이라는 것은 오히려 오랫동안 쌓여온 윤리관이나 목적성에서 비롯되었다고 볼 수 있다. 나혜석은 모성으로 표현되는 강요되던 윤리를 거부하고 여성성으로 상징되는 여성의 자아 찾기에 나섰다. 모성이 가부장제에서 여성에게 요구되는 자질로서 자식으로부터 섬김을 받기 위해서는 반드시 부모로서 자애로워야 한다는 인식체계의 소산임을 그녀는 지적하고 싶었을지도 모른다. 사실 일본의 '양처현모'가 조선에 와서 '현모양처'로 바뀐 것은 조선에서는 아내의 역할보다는 어머니의 역할을 더 강조했기 때문이다. 나혜석이 '양처현모'로 호칭한 것도 우연은 아닐 것이다.

그녀는 누구나 이성을 가진 자율적 존재로서의 인간에 대한 믿음을 잃지 않고 살아야 한다고 생각했다. 그러므로 자신 스스로 그런 이상적인 여성이 되고자 했으며 합리적인 이성에 따라 행동하는 열정을 보였다. 이같이 봉건적 삶으로부터 독립된 자아의 형성을 바라는 상황은 여성의 역할을

나혜석, 융합적 삶을 위한 외길에 홀로 서다

가정에 묶어두는 세속적 본분인 현모양처론과도 연계되며 자아와 개성에 눈뜨기 시작한 여성들에게 이는 새로운 굴레에 지나지 않는 것이다.

임신은 나혜석에게 충격이었다. "뱃속에서는 어느덧 무엇이 움직거리기 시작하는 것을 깨달은 나는 몸이 오싹해지고 가슴에서 무엇인지 떨어지는 소리가 완연히 탕 하는 것같이 들리었다"(「모된 감상기」)고 했듯이 그녀는 임신에 대한 두려움이 몰려왔다. 그녀가 결혼할 때만 해도 예상하지 못했던 일이 일어났기 때문이다. 임신 사실을 알게 된 나혜석은 아이를 낳으면 아무것도 하지 못할 것이라는 우려와 불안 속에서 도쿄로 건너가 2개월 동안 공부하고 돌아와 1921년 3월에 첫 개인전을 성공적으로 마치고 4월 29일에 첫딸을 낳기에 이르렀다. '김'우영과 '나'혜석의 기쁨이라는 뜻으로 김나열(金羅悅)이라고 이름을 지었다. 그녀는 29일 오전 2시 25분 지금까지 갖은 병으로 앓았던 아픔에 비할 수 없는 고통을 약 10여 시간 겪었다고 한다. 출산 후 병원 침상에서 스케치북에 썼다는 시 「1921년 5월 8일 산욕(産褥) 중에서」의 일부를 보자.

"어머님 나 죽겠소
여보 그대 나 살려주오"

내 심히 애걸하니
옆에 팔짱끼고 섰던 부군
"참으시오." 하는 말에
"이놈아 듣기 싫다."
내 악쓰고 통곡하니
이 내 몸 어이타가
이다지 되었던고(「모된 감상기」)

　일반적으로 여성의 출산을 특권이나 기쁨으로 표현하는
것과 달리 나혜석은 아이를 낳고 나서 기쁨은커녕 서럽고
원통하다며 대성통곡까지 했다. 나혜석은 모성을 절대시하
고 신비화하면서 여성의 고통에 침묵해야 하는 종래의 수많
은 견해들을 자신의 경험으로 단호하게 물리칠 수 있었으며
나아가 남녀 차별을 공공연히 수용하는 현실에 맞서 여성의
억압을 가차 없이 비판할 수 있었다.
　나혜석의 모성에 대한 문제 의식은 임신부터 출산의 진통
과정에서 시작되고 초기 육아 과정에서 심화되었다. 그녀에
게는 그림을 그리고 글을 쓰는 것이 평생 해야 할 일이며 자
신의 존재 이유이기도 했다. 그러한 자신의 고유한 책무와
권리는 이미 결혼 조건으로도 철저히 확보해놓았었다. 자
칫 결혼으로 발목을 잡혀 자기가 하고 싶은 일을 하지 못하
고 자아 성취가 중단되는 것을 우려하고 경계했던 것이다.

사실 부부 중심으로 살면서 자신의 일에 집중해오던 그녀가 출산 후 육아에 시달리며 심신의 피곤함이 극에 달했다. 그녀는 수면 부족을 호소하며 "꼭 한 시간만이라도 마음을 터놓고 잠 좀 실컷 자보았으면 당장 죽어도 원이 없을 것 같았다."며 어머니 된 후의 고통을 털어놓았다.

시부모나 남편 등으로 인한 시집살이의 고통을 말하기보다 어머니가 되어 자식을 낳고 기르는 고충을 실토하기는 쉽지 않았다. 자식에 대한 어머니의 역할은 신성한 것이자 무한한 책무로 여겨졌다. 즉 모성에 대한 찬양은 변하지 않는 신화였다. 나혜석은 감히 어머니의 고통을 '참혹한 저주'로 표현하며 그와 같은 지배 담론에 이의를 제기한 것이다. 그렇다고 해서 모성을 부정한 것은 결코 아니다. 오히려 모성을 객관화시켜 일방적으로 강요된 모성이 아닌 체험적 인간적 애정의 일부로 느낄 수 있도록 했다.

자식을 그리워하는 고통

나혜석은 모성애의 본능성을 완전히 부정한 것이 아니라

1 구명숙, 「나혜석 시를 통해 본 여성의식 연구」, 『여성문학연구』 7권, 한국여성문학학회, 2002, 165~191쪽.

모성애의 선천성·절대성을 부정하였다. 그녀가 모성애에 대해 "천성으로 구비한 사랑이 아니라 포육할 시간 중에서 발하는 가연성이 아닐까 싶다. 즉 그런 솟아오르는 정의 본능성이 없다는 부인설이 아니라 자식에 대한 정이라고 별다른 것은 아니라고 말하고 싶다."(「모된 감상기」)고 언급한 것도 이 때문이다.

　모성을 생래적인 것으로 획일화시키는 현실을 부정하고 경험을 통해 형성되는 것으로 차별화시키는 그녀의 주장은 합리적이고 설득력 있는 선구적인 의식이었다. 그럼에도 불구하고 이혼 후 아이들과 함께 살지 못하면서 보편적 풍습과 사회적 통념에 순응하는 입장으로 선회하는 것처럼 보인다. 이 양면성은 그녀의 **몸속**에 지닌 융합적 지향이 근성에서 발현되는 현상이라 할 수 있다.

　　어머니가 자식을 사랑하는 것만은 절대적이요, 무보수적이요, 희생적이외다. 그리하여 최고 존귀한 것은 모성애가 되고 말았사외다. 많은 여성은 자기가 가진 이 모성애로 인하여 얼마나 만족을 느꼈으며 행복스러웠는지 모릅니다. 그러나 때로는 이 모성애에 얽매어 하고 싶은 것을 하지 못하고 비참한 운명 속에서 울고 있는 여성도 불소하외다. 그러면 이 모성애는 여성에게 최고 행복인 동시에 최고 불행한 것이 되고 말았습니다.(「이혼고백장」)

이와 같이 기존의 입장에서 한 발 물러서는 것처럼 보이는 그녀의 주장은 오히려 한 발 나아가는 진보적인 것임을 알 수 있다. '모성애는 여성에게 최고 행복인 동시에 최고 불행한 것이 된다'고 하는 표현이 압권이다. '얻는 것만큼 버리게 되는' 원리를 모를 리 없는 나혜석은 여자도 인권을 주장하고 개성을 발휘하게 되면서 무한한 고통과 불행을 느낄 때도 있음을 환기시켰다. 더구나 후에 아래와 같이 부모 자식의 관계를 정리하는 모성관을 보면 그녀의 시각이 얼마나 융합을 지향하는 합리적인 것인지를 가늠하게 된다.

> 윤정이 있는 것은 사실이나 나는 모성애가 천품(天品)으로 있는 것인지 한 습관성인지 우리가 많이 경험하는, 자식을 낳아 유모를 주어 기른다면 남의 자식과 조금도 틀림없는 관념이 생긴다. 생이별을 하여 남의 손에 기른다면 역시 남의 자식과 똑같은 관념이 생긴다.(「신생활에 들면서」)

여자로 태어나면 당연히 시집가서 아이를 갖고, 절대적인 모성애로 출산의 고통도 견디며 육아의 어려움도 발설하지 않아야 하는 것이 여자의 본분이라고 생각하는 오랜 관습에 나혜석은 의문을 제기하지 않을 수 없었다. 그녀는 임신 기간이나 출산 후에도 편안한 잠을 잘 수 없는 것이 너무 괴로워 자식에 대해 마음에서 우러나오는 애정을 느끼지 못했던 것이다. 그러나 자식을 기르면서 점점 자식에 대한 깊은 정을 갖게 되었음을 그녀는 솔직히 말하였다. 그리고 위와 같이 발언한 것을 보면 모성애가 태생적인 것이기보다 경험적인 것이라는 그녀의 생각에는 크게 변함없음을 알 수 있다. 그러한 경험을 통한 주체적인 판단 속에 내재된 '천품'과 '습관성'을 동시에 살피려는 융합의 관점이 돋보인다.

나혜석은 모성이 절대적인 것은 아니라고 이성적으로 누르려고 노력하면서도 때때로 보고 싶은 마음이 솟구치는 것을 견딜 수 없어 괴로워하였다. 그녀는 예술이 일평생의 위안이며 생활의 전부처럼 가장 가치 있는 일이라고 고백하면서 그보다 더 소중한 것이 아이들이라는 생각까지 하게 되었다. 경험을 통해서 예술/자녀라는 융합의 가치를 깨닫는 모습을 보여주고 있다. 아이들에 대한 정과 사랑을 일찍이 아래와 같이 말한 적도 있다.

저는 나의 예술을 위하여 어머니의 직무를 잊고 싶지는 않습니다. 물론 그림을 그린다든지 글을 쓰는 것도 나의 취미이겠지만, 어린애를 기르며 바느질을 하고 살림을 하는 것도 퍽 재미있습니다. 만약에 나에게 어린아이들의 빵긋빵긋하고 웃는 얼굴과 엄마 엄마하고 불러주는 기쁨이 없다면 도무지 생활이 건조무미하면서 살지 못할 것

같습니다. 어린애처럼 귀여우며 매일 싫지 않고 볼수록
귀여운 것이 또 있을까요?[2]

자아/모성이 충돌하던 시기 언론과의 인터뷰에서 나혜석
은 '예술을 위하여 어머니로서의 직무를 잊고 싶지 않다'고
말함으로써 자신의 융합적 관점을 분명히 드러냈다. 나혜석
은 아이들을 위해 수모와 굴욕을 참고 남편과 갈라서지 않
으려 매달려도 보았다. 모성애를 지키기 위해 이혼할 수 없
다고 간청을 했으나 김우영은 이혼을 승낙하지 않으면 간통
죄로 고발하겠다고 위협했고 어쩔 수 없이 1930년 11월 이
혼에 동의하고 말았다. 예술/육아의 갈등을 넘어 이제 나혜
석은 아이들을 위해서라면 자신의 희생도 감수할 수 있게
되었다. 이혼 후 나중에는 아이들을 보지 못하는 것이 나혜
석에게는 가장 큰 고통이 되었고 이로 인하여 심신이 병들
기까지 했다.

여자미술학사를 열기 전에도 파리를 가고 싶다고 말하곤
했으나 아이들 때문에 주저할 수밖에 없었고 그리하여 조선
에서 인생을 새로 시작해보기로 했다. 나혜석이 여자미술학
사를 연 며칠 뒤 방인근 부부가 그녀를 방문했다. 방인근의

2   나혜석, 「살림과 육아」, 『매일신보』, 1930. 6. 6.

부인이자 작가인 전유덕은 나혜석의 소학교 때 친구인데, 방 안에 그림이 가득한 속에서 나혜석이 틈틈이 아이들에게 입히려고 짜놓은 재킷을 발견하고 "그녀의 모성애는 남달리 심각하였다."[3]고 전해주고 있다.

이혼 후 조선을 떠나 파리에 가고 싶다고 하던 나혜석이 1935년 봄 수원에 거처를 마련한 것은 경제적 사정 때문이기도 하겠으나 무엇보다도 몇 년간 아이들을 보지 않고 살 수는 없어서였다. 1940년 무렵 자식이 보고 싶어 몰래 아이들이 다니는 학교로 찾아갔지만 아버지의 가족들로부터 어머니에 대한 험담을 들으며 자란 자식들은 남루한 몰골로 찾아온 어머니를 반기지 않았고 김우영 또한 나혜석이 아이들을 만나지 못하도록 방해하였다.

처음에 「모된 감상기」(1923)에서 아이들을 악마라고까지 규정하던 데서 나중에 「신생활에 들면서」(1935)에 가서 모성을 여성의 특권 중 하나로 인식하고 있음도 예사롭지 않다. 이는 단순히 생각의 변화로 이해될 수 없으며, 오히려 그녀가 기본적으로 추구하는 '이분법적 시각의 지양'이라는 한 사례로 보는 것이 타당하다. "여성도 사람으로서 자기 긍정성을 가져야 한다는 것과 동시에 모성을 굳이 여성의 특권

---

3 방인근, 「최근일기」, 『삼천리』, 1933. 5.

이나 의무로 특화할 것이 아니라 부모로서의 인간적 도리이자, 사랑으로 이해한 것이다."[4]라는 나혜석에 대한 평가도 있다. 이미 1910년대 일본에서 논쟁화되었던 모성/여성성의 대립에 대해 그녀는 모성/여성성을 이분법이 아닌 조화와 융합의 관계로 설정하려는 합리적인 시선을 견지했던 것이다.

식민지 지식인으로서의 나혜석의 위상은 나름 독자성을 띤다. 도쿄 유학과 구미 여행이라는 나혜석의 경험은 조선 근대화의 동력으로서의 개인의 각성과 여성의 자각을 선도했다. 특히 서구의 문화를 습득하고 조선에 정착시키는 서구/조선의 조우 과정에서 나혜석은 자신의 그림세계와 젠더 인식이라는 예술/가정, 여성성/모성 등의 융합적 가치를 실천을 통해서 보여주었던 것이다. 즉 "화가이자 현모양처로서 근대적 가정을 꾸려 나간 나혜석의 삶은 신여성의 동경의 대상이었다."[5]고 서구의 문화예술 등이 조선사회의 이데올로기와 크게 충돌하지 않고 있음에 주목할 만하다.

---

4   신영숙, 「신여성의 어머니 되기: 나혜석을 중심으로」, 『우리역사넷』, 국사편찬위원회, 2022.
5   「방문가서 감심한 부인; 김우영 씨 부인 나혜석 씨」, 『별건곤』, 1930. 2.

제3부

무엇으로 사는가

〈해인사 석탑〉(1938년 무렵)

6
예술가로서 명성을 떨치다

나혜석은 톨스토이가 물질문명과 정신문명을 이분법적으로 보지 않는다고 해석했는데, 그녀는 「이상적 부인」에서 톨스토이의 『부활』의 여주인공 카츄사를 '혁신'의 이상을 품은 인물이라 말한 바 있다. 나혜석의 〈자화상〉은 빛을 강조하는 인상주의를 넘어 색과 선을 통해 내면을 조명하는 후기인상주의 화풍과 함께 유럽의 야수파들의 양식과 어느 정도 상관성을 갖고 있다. 타고난 창의적인 기질과 진보적인 이념을 기반으로 하여 생산된 나혜석의 문화와 예술의 추동력은 남다른 시간적 감각과 공간적 감각이 빚어내는 실제적 경험성을 통해서 풍요롭게 발현되었다.

문필을 마음껏 휘두름

나혜석은 유학과 세계여행을 통해서 많은 선각자들과 교유하는 등 사회활동을 하면서 마음껏 문필을 휘두르고 명성을 떨칠 수가 있었다. 그녀는 일본 유학 중 자신의 첫 데뷔작이 되는 「이상적 부인」(1914)이라는 글을 썼다. 카츄사, 막다, 노라, 스토우, 라이초, 요사노 등을 '이상적 부인'이라 칭송하고 있는 이 글은 나혜석이 조선 여성으로서의 자신의 미래상을 제시한 것이다. 카츄사, 막다, 노라는 1910년대 일본을 풍미했던 번역소설의 주인공의 이름인 데 비해, 스토우, 라이초, 요사노는 당대를 살아간 미국과 일본의 여류 문인으로서 여성들에게 실질적인 영향을 미쳤다.

그녀는 「이상적 부인」을 발표한 후 1917년 유학생 모임의 망년회에 참석했던 소감을 쓴 「잡감」 및 「잡감-K언니에게 여함」을 발표했다. 도쿄여자미술학교 졸업을 앞두고 22세가 되던 1918년, 소설 「경희」와 시 「광(光)」을 발표하였다. 「경희」는 최고 지식인 집단이라 할 수 있는 유학생 잡지에서 한글소설이 완성되어가는 과정을 분명히 보여주었다는 점에서 높이 평가받는다. 나혜석은 "그는 발서 와서 내 옆에 앉았었으나 나는 눈을 뜨지 못하였다"로 시작하는 자아 각성의 문제를 형상화한 시 「광」을 지어 진작 빛을 만나지 못한 자신의 몽매함을 후회하고 아쉬워했다.

나혜석은 5년 동안의 도쿄 유학을 마치고 1918년 4월에 귀국하였고, 그해 9월에 소설 「회생한 손녀에게」를 발표했다. 이 시기는 1916년 애인 최승구가 죽고 김우영과 약혼한 다음 1917년 12월 세례를 받은 직후로서 나혜석은 종교에 심취해 있었다. 1918년 한 해 동안 「경희」, 「광」, 「회생한 손녀에게」 등 집중적으로 시와 소설을 발표함으로써 나혜석은 김명순, 김일엽과 더불어 제1기 여류문인으로서의 위치를 굳히게 되었다. 하지만 그녀는 세 편의 시와 소설을 발표한 후 최승구의 사망으로 인한 충격과 3·1운동 참여와 감옥 생활 등을 겪으며 3년 동안 몇 편의 수필밖에는 작품을 거의 발표하지 않았다.

그러다가 1920년 나혜석은 시인 김억과 함께 『폐허』 창간호의 편집을 맡으면서 몇 년의 침묵을 깨고 작품 활동을 재개했다. 1921년 나혜석이 25세 되던 해 『폐허』 2호에 첫 작품으로 「냇물」과 「사(砂)」라는 두 편의 시를 실었다. 이 시들에는 주권을 잃는 민족적 비애, 첫사랑의 죽음 등으로 인한 허무한 분위기가 짙게 드리워져 있다. 나혜석은 주로 산문을 통해 작가로서의 명성을 드러냈지만 산문 중간중간에 시를 삽입하여 단조로움을 피하는 묘미를 보였는데, 그가 잡지에 따로 발표한 시는 모두 다섯 편이다. 즉 위에서 언급된 그녀의 최초의 시 「광」을 비롯한 「냇물」과 「사」 외에 두 편에 해당하는 「인형의 가(家)」(1921), 「앗겨 무엇하리, 청춘을」(1935)이 있다. 시 「인형의 가」는 헨리크 입센의 희곡 「인형의 가」를 소재로 패러디한 것이라 할 수 있다.

한편 나혜석은 소설 「규원」(1921 미완), 「원한」(1926), 「현숙」(1936), 「어머니와 딸」(1937)을 발표하였다. 그녀의 첫 소설 「경희」가 신여성의 각성을 다양한 관점에서 조명하고 있다면, 「규원」과 「원한」의 경우에는 가부장적 질서에 따라 불행하게 살아가는 구여성의 초라한 모습을 다룬다. 「구미시찰기」 등의 에세이를 발표하면서도 「현숙」이 나오기까지 나혜석은 「원한」 이후 근 10년간 소설을 쓰지 않았는데 그녀가 소설 쓰기를 재개한 것은 실로 파란만장한 삶을 겪은 이후였다. 「현숙」은 신여성으로서의 자유로운 생활뿐만 아니라 세파에 부딪치며 변화하는 모습을 다루고 있다. 마지막으로 「어머니와 딸」에서는 구여성으로 여관을 운영하며 지내는 어머니와 신여성을 모델로 공부하기를 원하는 딸과의 갈등을 보여주고 있다. 이로써 그녀가 남긴 소설은 전부 여섯 편이 된다.

그녀의 희곡으로는 유일하게 「파리의 그 여자」(1935)가 있는데, 구미 여행 당시 있었던 일과 귀국하여 다시 최린을 만났던 일을 소재로 한 것이다. 작품의 완성도가 크게 떨어진다는 희곡은 나혜석이 불륜, 이혼 등 격랑을 겪은 뒤 처음 쓴 산문문학으로 자신의 입장을 객관화하여 살펴보려는 시도를 보인다. 기독교와의 연관성 아래 「회생한 손녀에게」 등 주목할 만한 작품들을 써오던 나혜석은 「파리의 그 여자」에서 "예수가 전 인류를 위하여 십자가에 못 박힌 것과 같이 셰익스피어, 톨스토이 같은 예술가는 전 인류와 전 우주를 가지고 번민하고 고통하고 해결하려고 한 것이 아닌가."라고 했다. 그녀에게 종교/예술은 분리해서 볼 수 없는 같은 길이었다. 신앙이 깊을수록 철저하게 예술가로서 존재해야 했던 나혜석은 여성주의와 기독교적 세계관을 자신의 문학 전통으로 구현하고자 했던 것이다.

이상과 같이 그녀의 시는 다섯 편이 남아 있고, 소설은 여섯 편이 전하고 있으며, 희곡으로 「파리의 그 여자」가 있어, 시 「노라」(영창서관, 1922)를 제외하면 현재 나혜석 전집에 수록되어 있는 그녀의 문학작품은 모두 열두 편이다. 「노라」는 「인형의 가」와 같은 내용을 다루고 있을 뿐만 아니라 담화 구조도 같다. 다른 점이라면 「인형의 가」가 현실을 "폭풍우"와 같이 표현한 것에 비해 「노라」는 현실을 "새날"과 같이 표현하고 있는 것이다.[1]

---

1   이현정, 「나혜석 문학에 수용된 여성 담론 연구」, 『한국어와 문화』 4

그 밖에도 나혜석은 많은 산문을 통해 치열한 삶과 경험을 직접적으로 표출하였다. 소설 「경희」나 「부처간의 문답」(1923) 같은 산문들에서 보여주듯 인물들의 대화를 생동감 있게 묘사하는 것은 나혜석 글의 특징이기도 하다. 이혼 후에는 더욱 대담하게 자기를 고백하고 사회의 불의를 폭로하는 글을 많이 썼다. 특히 「이혼고백장」(1934), 「신생활에 들면서」(1935), 「독신여성의 정조론」(1935) 등의 60여 편이 넘는 산문에는 자신이 평생 기울여온 여성해방의 성격이 강하게 드러난다.

나혜석은 그림보다 먼저 글을 쓰기 시작했고 그림보다 늦게까지 글을 썼다. 1933년 제12회 조선미술전람회에 제출한 작품이 낙선되면서 그를 고비로 그림보다 글에 더 많은 노력을 기울였다. 글로써 크게 주목을 받으면서 나혜석은 원고료에 의존하여 생활을 하게 되었다. 그녀에게 글은 자신을 표현하는 가장 확실한 대안이었다. 오늘날 나혜석은 당당히 '문인'으로 불리고 있으며, 고향 수원에서는 '나혜석 문학상'을 제정하여 그녀를 기리고 있다.

더구나 나혜석이 여성해방을 생활 속에서 온몸으로 실천해 나간 진보적인 여성 운동가답게 나혜석의 글은 '여성도

집, 숙명여자대학교 한국어문화연구소, 2008, 59~91쪽.

인간이다'라는 주제에서 크게 벗어나지 않았다. 그녀는 시대에 영합하지 않고 스스로 불행을 자초하면서 시 · 소설 · 수필 · 평론 등을 끊임없이 내놓았고, 그리하여 평생에 걸쳐 고독한 영웅의 모습으로 살아야 했다. 마침내 세상은 소설 「경희」를 들어 그녀를 최초의 근대 여성작가로 평가[2]하기에 이르렀다

그녀가 〈김일엽의 하루〉라는 제목의 판화를 만들어 『신여자』에 실은 것을 보면 나혜석이 글 쓰는 일에 얼마나 관심이 많고 의미를 두었는지 잘 알 수 있다. 네 컷의 그림 가운데 하나가 '독서'를 하는 것이고, 나머지 세 가지가 '글쓰기'에 관한 것이기 때문이다. 근대를 이끌어갈 신여성이라면 밤을 새워 독서를 하고, 밥하고 바느질하는 바쁜 일상 속에서도 글을 써야 한다는 것이다. 그러한 신념 속에 나혜석은 평생 글쓰기에 매진하였다.

디지털 시대를 살면서 트위터, 페이스북 등 온라인에 상시로 접속되어 있다 보니 생각할 기회를 박탈당한다고 한다. 그러므로 디지털 사회에서도 독서가 우리의 창조력을 끌어내는 힘이 있어 문화적 수준을 고양시킨다는 점을 감안할 때 나혜석의 주장과 행보는 설득력이 크다. 더구나 하버

---

2   이상경 외, 『한국근대민족문학사』, 한길사, 1993.

드대학교 졸업생들을 대상으로 한 조사에 의하면 그들은 인생의 성공 비결이 글쓰기에 있다고 한다. 지금도 하버드대학의 학생들은 한 학기에 에세이 세 편씩 써낸다고 하며, 우리나라 모든 대학의 교양과정으로 '글쓰기' 과목을 개설하여 가르치는 것을 보면 글쓰기를 강조하고 실천하는 그녀의 삶은 더욱 선구적임을 알 수 있다.

1927년 6월 19일에 부산을 출발하여 유럽 주요 국가들과 미국을 살피고 1929년 3월 12일에 부산에 도착한 1년 8개월 동안의 나혜석의 구미 여행은 『동아일보』에서는 1930년 4월 3일부터 4월 10일까지 「구미시찰기」라는 제목으로 연재하였고, 『삼천리』에서는 「구미유기」로 1932년 12월부터 1935년 2월까지 연재했다. 그녀는 여행기에서 참정권 운동에 참여한 영국 여성운동가의 활약뿐만 아니라 노동, 정조, 시험결혼, 이혼, 산아제한 등 여성문제를 소개하면서 당시의 조선에 센세이션을 일으켰다.

그림에 비해 문학작품의 수가 많지는 않지만 1937년까지 틈틈이 좋은 작품을 발표함으로써 나혜석은 작가로서의 면모를 유감없이 드러냈다. 1938년에는 마지막으로 「해인사의 풍광」이라는 기행문을 발표하기도 했다. 나혜석은 죽을 때까지 글쓰기를 통해 자기 존재를 증언하고, 여성들과 소통하면서 여성 억압적인 사회와 맞서 싸우려 했다. 그녀는 자신의 주장과 행동들이 조선 여성의 진보로 이어질 것이라는 믿음을 뚜렷하게 가지고 체험을 바탕으로 남성뿐만 아니라 여성에게도 인간적 권리가 있음을 글로 표현하고자 했다. 비록 사회적 비난을 자초하는 것일지라도 봉건적인 관념의 억압성을 드러내어 해체하는 글들을 쓸 때만이 자존감을 회복하는 길이라 여겼을 것이다.

이렇듯 시대를 앞서 살아갔던 나혜석을 새롭게 품고 고마움을 표하는 길이 그녀의 고독과 고난에 답하는 현대인의 도리일 것이다. 더구나 새로운 세기를 맞이하며 여성으로, 그리고 인간으로 산다는 것이 무엇인가라는 물음을 던지며 자신을 희생했던 그녀의 영혼 앞에 숙연해지는 것은 당연하다 할 수 있다.

화가로서 명성을 떨침

1920~30년 당시 유화를 배워온 이들이 있었지만 여건이나 인식의 부족으로 김찬영은 더 이상 그림을 그리지 않았고, 평양에서 개인전을 개최했던 김관호도 더 이상 활동하지 않았다. 뿐만 아니라 고희동, 김용준 등 남성 화가들조차 중도에 서양화에서 동양화로 전환하였는데 나혜석과 백남순은 끝까지 서양화가로 활동하면서 이 땅에 서양화를 정착

시키고 보급하는 데 크게 기여하였다.

「이혼고백장」에서 밝혔듯이 나혜석은 "나는 결코 가사를 범연히 하고 그림을 그려온 일은 없었습니다. 내 몸에 비단 옷을 입어본 일이 없었고 1분이라도 놀아본 일이 없었습니다."라고 주부로서 화가 생활을 했던 것이다. 그러나 이혼을 맞고 보니 평소에 지니고 있던 위기의식이 현실화되고 말았음을 느끼게 되었다. "지금 생각하건대 내게서 가정의 행복을 가져간 자는 내 예술이 아닌가 싶습니다."라고 할 정도로 그녀는 예술에 혼신의 힘을 기울였다. 그럼에도 불구하고 현재 시중에서 나혜석 작품이라고 주장되고 있는 그림은 대략 50점 정도이며, 아직도 나혜석 작품의 진위 문제가 해소되지 않고 있어 안타깝다.

"괴로울 때 위안이 되는 것은 오직 그림이다. 내가 그림이요 그림이 내가 되어—"[3]라고 할 만큼 나혜석은 예술에 온갖 정성을 쏟은 결과 근대 미술사에 빠질 수 없는 비중을 지닌 화가가 될 수 있었다. 그러나 이혼이 미친 그녀의 회화에 대한 부정적 인식의 확산 등으로 나혜석은 오랫동안 온전한 평가를 받지 못한 편이다. 다행히 나혜석 회화에 대한 1990년대 최초의 미술사적 분석에 의해 "1920년대 인상주의 화

---

3 나혜석, 「미전 출품 제작 중에」, 『조선일보』, 1926. 5. 20~23.

풍을 가장 본격적으로 전개한 작가"[4]로 규정되기에 이르렀다. 나혜석이 빛과 색을 중시하고 예술가의 개성을 강조하는 인상주의의 특성을 잘 보여주었다는 평가다. 다만 미술 영역에서 성해방 문제를 다룬 것이 1970년대에 이르러서였던 만큼 나혜석은 문학에서처럼 개성 창출의 예술정신과 맞물려 있는 페미니즘을 부각시키는 데는 미흡했다고 볼 수도 있다. 그러나 지금까지 나혜석을 페미니즘 화가로 읽을 수 없었던 연구에 박계리[5] 씨가 새로운 지평을 열었다고 하면서 그 근거로 1920, 30년대 나혜석은 〈낭랑묘〉, 〈천후궁〉, 〈정원〉 등과 같은 작품을 통해 자신의 삶을 생동감 있게 개척함으로써 페미니즘 회화의 선구자적 면모를 그대로 드러냈기 때문이라[6] 언급한 경우도 있다.

나혜석은 초기에는 구로다 세이키를 중심으로 한 일본식의 관학파 인상주의로 민족주의 정서가 깃든 농가 풍경을 그리다가 점차 부르주아 자유주의에 입각한 유미주의 풍경

---

4 김희대, 「한국 근대 서양화단의 인상주의적 화풍의 계보」, 『미술사연구』 7호, 미술사연구회, 1993.
5 박계리, 「나혜석의 회화와 페미니즘 – 풍경화를 중심으로」 『제7회 나혜석 바로알기 심포지엄』, 나혜석기념사업회, 2004, 69쪽.
6 문정희, 「여자미술학교와 나혜석의 미술」, 『한국근대미술사학』 15집 특별호, 한국근대미술사학회, 2005, 166쪽.

〈천후궁〉(1926)

화에 경도되었다. 다시 말해 1920년 결혼 후 〈농촌풍경〉(연
도 불명), 〈농가〉(1922), 〈봄이 오다〉(1922) 등 주로 일하는 농
촌여성이 등장하는 향토적 풍경을 그리다가 〈봉황성의 남
문〉(1923), 〈낭랑묘〉(1925), 〈천후궁〉(1926) 등 주로 건축물이
있는 풍경화를 그렸다. '건축물 풍경화'는 일본의 '관학파적
인상주의 풍경화'라고도 불리는데, 이들은 주제적 측면에서
페미니즘으로 다루어지는 편이다. 여성의 섹슈얼리티가 내
외라는 공간적 지침으로 엄격히 규제되던 20세기 초 조선의
사회 문화적 콘텍스트에서 '풍경(화)'은 공간적 금기를 깨는
여성주의의 접근을 가능하게 한다. 〈낭랑묘〉는 봉건적 관습
과 미신에 의해 희생된 여성에 대한 연민으로, 〈천후궁〉의

나혜석, 융합적 삶을 위한 외길에 홀로 서다

타원형 모양은 여성의 자궁을 형상화한 것으로 보아 〈천후궁〉은 여성의 육체적 고통으로 주제를 삼을 수 있다.

도쿄 유학 시절 관학파 인상주의에 따른 기교중심적인 교육을 받아온 나혜석이 예술적 창조력의 고갈을 느낄 무렵 서구의 후기인상주의 화풍을 접하게 되었다. 19세기 후반에 프랑스에서 일어난, 주관적 표현을 중시하는 후기인상주의의 대표적 화가로는 세잔·고갱·고흐 등을 들 수 있다. 나혜석은 마침내 후기인상주의 화가들의 광선 묘사에서 벗어난 '내면'의 반영, 빛의 세계에 내재한 '생명력'의 표출을 간파하게 되었다. 그녀는 구미 여행 이후 자신의 화풍에 자신감을 얻은 것으로 보이는데 이는 빛과 색에 대한 근본적인 탐구를 통해 '생명력'을 발견했기 때문이라 판단된다.

> 빛과 색의 세계! 어떻게 많은 신비와 뛰는 생명이 거기만이 있지 않습니까. 갑갑한 것이 거기서 시원해지고 침침하던 것이 거기서 환하여지고 고달프던 것이 거기서 기운을 얻고 …(중략)… 나는 다만 새벽녘에 우는 닭이 되려 할 뿐입니다.(「화실의 개방─여자미술학사」)

후기인상주의 핵심인 '빛과 색'이 살아 있는 곳, 세잔의 '인격' 개념에서 나아간 '생명력'이 넘치는 곳이 바로 나혜석이 지향하는 미술 세계다. 자신의 예술혼을 자유로이 형과 선으로 나타냄으로써 '무거운 전통과 겹겹의 구속'이라는 여성 억압적 질서를 타개할 수 있다는 자신감마저 담아내고자 했다. 마침 여자미술학사를 개설하면서 쓴 글이니만큼 '새벽녘에 우는 닭이 되려 할 뿐'이라고, 젊은 여성들을 선도하고 싶은 욕구와 여성해방의 사명감을 의지적으로 잘 드러내고 있다. "나는 학교 시대부터 교수 받는 선생님으로부터 받은 영향상 후기인상파적·자연파적 경향이 많다."(「미전 출품 제작 중에」)고 했던 나혜석은 주관적 사실주의 지향의 후기인상파 화가들에 대해 "자아의 표현과 예술의 본질을 잊지 아니 하였다. …(중략)… 그들의 작품은 자연의 설명이 아니요 보고 즐겨할 취미의 것도 아니요 인격의 표징이요 감격이었디."[7]라고 말했다. 그림에서 자아와 개성은 물론 생명과 정신을 강조해온 그녀의 예술관을 짐작하게 하는 대목이라 하겠다. 화가 나혜석은 스스로를 대상화시키며 인간으로서 여성으로서의 참된 삶을 향한 고뇌의 빛을 어둡고 굵은 색과 선으로 조명해 간 것이다.

하지만 나혜석은 자신이 예술성을 갖춘 화가가 되고 개성을 지닌 진정한 예술가이기를 바랐다. 〈천후궁〉이 특선했을 때도 "오늘날까지 몇 번이나 그림에 대하여 나는 절망하고

7 　나혜석, 「파리의 모델과 화가 생활」, 『삼천리』, 1932. 3.

낙심을 했는지 모릅니다. 이번 그림에 대해서도 내 눈으로 보면 심히 빈약해 보입니다."[8]라고 만족하지 못했다. 더 나아가 나혜석은 후기인상파적 경향의 자신의 화풍에 대한 한계를 자인하면서 "형체와 색채와 광선에만 너무 중요시하게 되고 우리가 절실히 요구하는 개인성, 즉 순 예술적 기분이 박약하다."(「미전 출품 제작 중에」)고 개성과 예술성이 요구되는 화가의 길이 얼마나 험한가의 고충을 토로한 바 있다.

나혜석은 파리 체류 이후부터 현지에서 습득한 야수파적 인상주의 화풍으로 그림을 그리게 되었다. 즉 1905년부터 1907년에 개성적인 자아를 표방한 야수파 운동과 그에 따른 강렬한 색채에 기초를 둔 서구적 풍경화와 인물화를 그렸다.[9]

1927~1928년에는 유럽 여행 중 그린 〈무희〉(1928), 〈나부〉(1928), 〈자화상〉(1928) 등 인물에 대한 관심으로 집중, 확장되어갔다. 〈자화상〉은 한국 최초의 여성 자화상으로서 각별한 의미를 담고 있는 걸작이다. 여성이 초상화를 남기는 일이 결코 쉽지 않았을 폐쇄적 한국 사회에 대한 도전을 상

8 「여류 예술가 나혜석 씨—그림을 그리게 된 동기와 경력과 구심」, 『동아일보』, 1926. 5. 18.

9 김홍희, 「나혜석 미술 작품에 나타난 양식의 변화」, 『현대미술사연구』 12, 현대미술사학회, 2000, 116쪽.

〈자화상〉(1928)

징하기 때문이다. 그에 걸맞게 〈자화상〉은 자신의 실제 외모와는 너무나 다르게 서구적인 풍모가 느껴지는 그림이다. 이 〈자화상〉은 야수파의 영향을 받아 강렬한 색채와 거친 질감으로 세련된 자태를 드러내며, 어두운 색조와 우울한 표정은 나혜석의 자의식이 반영된 것으로 판단된다.

그 밖에도 〈나부〉(1931) 등 여성 인물화를 많이 그려내는데 이는 풍경화 중심의 작풍에서 변화된 지점으로 그녀가 모색하고 있던 여성성의 천착이 발현된 것이라 할 수 있다. 특히 나혜석은 당시 여성 화가들에게는 생소했던 누드화에 도전했는데, 건장한 여성의 몸매는 구미 여행에서 경험한 야수파의 영향으로 보인다. 그녀의 생활의 변모에 따라 그림이 변화하는 가운데 독특한 윤곽선과 강한 필선, 부드럽고 조화로운 채색감, 짜임새 있는 구성 등의 융합에 의한 나혜석 특유의 화법은 계속되었다.

오늘날 나혜석은 한국 최초의 여성 서양화가로 이름을

나혜석, 융합적 삶을 위한 외길에 홀로 서다

떨치고 있다. 화가 나혜석의 생애를 대략 3기로 나누는 경향이 있는데, 제1기는 일본 유학부터 결혼하기 전까지의 1913~1920년, 제2기는 결혼 후의 안정기인 1921~1930년, 제3기는 이혼 후의 방황기인 1931~1938년으로 볼 수 있다.

나혜석은 1918년 도쿄 여자미술학교를 졸업하고 귀국하여 교사로 근무하면서 작품 활동을 시작했다. 따라서 제1기에 해당하는 1910년대의 미술을 논할 만한 자료는 빈약하다. 다만 1919~1921년의 삽화는 여성의 일상적 현실을 재현하는 특징이 있다. 1919년에 발표한 〈섣달대목〉, 〈초하

〈섣달대목〉(1919)

〈초하룻날〉(1919)

〈저것이 무엇인고〉(1920)

룻날〉에서는 연말연
시의 분주한 가정 풍
속을 묘사했다. 1920
년『신여자』에는 신
여성의 삶을 다룬 목
판화가 두 차례 발
표된다. 〈저것이 무
엇인고〉는 바이올린
을 들고 가는 여성
을 바라보는 남성들

나혜석, 융합적 삶을 위한 외길에 홀로 서다

〈김일엽 선생의
가정생활〉
(1920)

의 비난과 선망이 담긴 이중적 시선을 포착한 것이다. 〈김
일엽 선생의 가정생활〉은 신여성 김일엽의 바쁜 일상을 묘
사한 삽화다. 이와 함께 1921년에 여성의 현실을 그린 삽
화 〈인형의 집〉 등이 있으며, 당시 농촌 풍경을 묘사한 〈조
조(早朝)〉(1920), 〈개척자〉(1921)도 있다. 〈조조〉에는 3명의
인물이 등장하는데 2명이 남자고 1명이 여자다. 머리에 무
언가를 이고 앞서가는 여성은 전형적인 농촌 여성이다. 멀
리 검은 땅 위로 솟아오르는 태양은 이제 막 뜨기 시작한 것
으로 보인다. 나혜석이 〈개척자〉를 제작한 1920년대 초반
은 농민문학이 본격화되기 전이지만 농민이 국민의 90% 이

〈조조(早朝)〉(1920)

상을 차지할 정도로 비중 있게 인식되고 이들을 대상으로 계몽운동이 펼쳐지던 시기이다. 이와 같이 1919~1921년의 삽화용 스케치나 목판화가 그 후 인상파적 풍경화나 인물화와 다르게 계몽적 페미니즘 의식을 반영하고 있어 주목할 만하다.

제2기는 나혜석 화가의 전성기이다. 직업화가로서의 그녀의 본격적인 활동은 1921년 3월 19일부터 이틀간 임신 9개월의 무거운 몸으로 경성일보사 건물 안의 내청각에서 한국의 여성 화가로서 최초의 개인전을 가졌던 데서부터 시작된다. 이 '유화개인전'에 대해 당시 신문은 '인산인해를 이룬 대성황'이라며, 첫날에만 관람객 5000여 명에 전시작 70점 중 20점이 팔렸다고 보도했다. 이처럼 나혜석은 일본에서 인상주의 화풍을 전래 받은 초기 유화가로서 외광의 효과를 화폭에 담은 풍경화가로 출발하였다. 2기는 안동현 시기와 세계일주 시기로 구분될 수 있다. 결혼 후 남편이 안동현 부영사로 전임되어 나혜석은 그곳에서 6년쯤 지내게 되는데 이 시기에 활발하게 미술 활동을 전개했다. 조선미술전람회에서 제1회부터 제5회까지 입선하는 등 매년 조선미술전람회에 출품하여 수상할 만큼 화가로서의 기량을 과시했다. 1회 때는 〈봄이 오다〉와 〈농가〉로 입선하여 최초의 여류 서양화가로서의 위상을 굳건하게 했으며, 2회에 출품한 〈봉황성의 남문〉은 4등 입상, 3회에는 〈추(秋)의 정(庭)〉이 4등, 〈초하(初夏)의 오전〉이 입선했으며, 4회에 〈낭랑묘〉가 3등 입상했다. 5회 때 〈천후궁〉이 특선하여 명성을 떨쳤다. 제5회 조선미전 이전의 작품 경향은 인상파 화풍의 범주에서 일본의 외광파와 같은 수법을 벗어나지 않고 있다.

1927년 구미 여행의 장도에 오르면서도 출품하는 열정을 보였다. 나혜석은 남편과 함께 파리를 중심으로 많은 나라들을 여행하면서 이전에 피상적으로 접했던 세잔, 고흐, 마티스 등의 작품을 직접 대하고, 1928년 혼자 파리에 남아 수 개월간 로제 비시에르가 지도하는 아카데미 랑송에 다니며 그곳의 야수파 미술을 공부하게 되었다. 그녀는 1929년 미주여행을 마치고 귀국하자마자 '구미 사생화 전람회'라는 제목으로 9월 23~24일 양일간 그녀의 고향인 수원성 내

〈정원〉(1931)

에 있는 불교 포교당에서 외국 체류 시에 그렸던 작품들로 귀국전을 열었다. 중외일보사 수원지국이 후원한 이 전시회는 수원 지역의 첫 유화전으로 기록된다. 프랑스의 풍경을 담은 〈파리풍경〉(1928 전후), 〈화가촌〉(1930) 같은 작품을 보더라도 인상파 화풍을 벗어나 색채혁명으로 불리는 야수파 양식으로 향하고 있다. 조선미전 7회와 8회는 불참했으나 1930년부터 다시 출품하기 시작했다.

제3기의 시작이라 할 수 있는 1931년 제10회 조선미전에 〈정원〉, 〈작약〉, 〈나부〉를 출품했는데 〈정원〉이 특선하여 대가로서의 역량을 인정받으며 화제에 올랐다. 〈정원〉은 신여성으로서의 현실 인식이 가장 첨예하게 드러나는 걸작이다. 파리에 있는 클뤼니 국립중세박물관 정원의 돌문을 그렸는데, 나혜석 은 박물관에 진 열된 '여자의 허 리띠' 즉 중세 여 성에 대한 성적 억압의 상징인 정조대를 연상 했다고 한다. 또 그해(1931) 가을 에는 일본의 제

〈나부〉(1931)

국미술원전람회에도 〈정원〉을 출품하여 입상하는 영예를 안았는데, 나혜석은 이 작품을 제작했을 때가 가장 행복했 던 시기였고 이후 본격적인 화가의 길로 들어서게 되었다[10] 는 소감을 밝힌 바 있다. 〈정원〉 출품 전에 6개월 동안 파리 의 그 유명한 화가 비시에르 화실에 다니며 수학했고 그제 야 서양화에 눈이 떠지는 듯했다[11]고 하는 고백이야말로 〈정 원〉이 역작이 될 것임을 예고하는 것이다. 〈나부〉는 조선 여 성이 그린 최초의 나체화라 할 수 있으며, 기왕의 풍만한 유

10　나혜석, 「나를 잊지 않는 행복」, 『삼천리』, 1931. 11.
11　나혜석, 「끽연실」, 『삼천리』, 1930. 5.

방과 달리 축 처진 유방의 묘사는 여성의 '성'의 아이덴티티를 효과적으로 나타냈다[12]고 할 만큼 여성의 몸을 과감하게 그림으로 승화시켜 남성 중심적인 가치관에 도전한 것이다. 1932년 11회 조선미전에는 〈금강산만물상〉, 〈창에서〉, 〈소녀〉를 출품하여 모두 무감사 입선했다.

나혜석은 조선미전에 1회부터 참가하기 시작하여 7~8회를 제외한 11회까지 모두 18점의 작품을 발표했다. 이 조선미전 출품작은 현재로서는 유일하게 그녀의 진품으로 확인되는 희귀한 존재이다. 1933년에는 12회 조선미전에 응모했다가 낙선했는데 이는 이혼 후 그녀의 불행을 예고하는 상징적인 사건이 되었으며, 그 후 나혜석은 조선미전에 불참하게 된다. 당시 유일한 작품 발표의 장이자 최초의 여류 서양화가의 명예를 보장받을 수 있었던 미전에서 연이어 혹평을 받은 사실은 그녀에게 너무나 커다란 충격이자 상처였던 것으로 보인다.

하지만 1933년 2월 서울 수송동에 여자미술학사를 세우고 재기의 의욕과 함께 당시 그린 〈선죽교〉(1933)는 남성 중심사회에 대한 격렬한 투쟁과 비장한 각오를 의미하며 탄탄

12 김화영, 「유방을 읽는다는 것—나혜석의 나체화에 나타난 '여성'」 『제9회 나혜석 바로알기 심포지움』, 나혜석기념사업회, 2006, 41~45쪽.

한 구성과 듬직한 중량감이 돋보인다. 새로운 시도에도 불구하고 성공하지 못한 채 그 후 몰락의 길을 갔다. 1934년 「이혼고백장」을 발표한 후 고초를 이겨내기 위해 고향 수원으로 내려가 서호성 밖에 작업실을 마련하고 〈화녕전 작약〉(1935/36) 등의 제작에 몰두했다. 〈화녕전 작약〉은 가장 고통스러운 처지에서 태어난 수작으로도 불리며 그녀가 지닌 야수파적인 요소로서의 직감적인 색채와 형태의 자유스런 필치가 잘 나타나고 있다.

1935년 서울 진고개 조선관에서 200여 점을 출품하는 개인전을 열었으나 호응을 얻지 못한 마지막 전시회가 되고 말았다. 이 시기는 전과 달리 초연한 내적 감정이 진솔하게 투영되는 윤택한 붓질이 두드러진다.

1938년 이후에는 마지막으로 남긴 「해인사 풍광」(1938)이라는 글이 말해주듯 수덕사, 다솔사 등을 전전하며 번뇌를 극복하기 위해 입산 정진하게 되었다. 〈해인사 석탑〉은 1938년 봄 해인사에 가서 여름 한 철을 보내며 홍도여관에 묵으면서 그린 것으로 모든 번민을 끊고 세상을 관조하는 고독한 수도자의 모습을 반영하였다. 세상을 떠돌며 고행하는 틈틈이 작품 제작을 계속했던 이 3기는 불우한 삶 속에서 화업을 살리지 못한 방황의 시기이다.

7
여성도 사람이라 외치다

사람으로 산다는 것은 속박의 굴레를 벗어난 자유롭고 주체적이며 인간으로서 존중받는 삶을 의미한다. 그것이 나혜석이 성취하고자 하는 여성해방, 여권 확보의 목표이기도 하다. 개화기 식민지 조선의 여성이 어떻게 살아가야 하는지를 끊임없이 고민한 나혜석을 조선 최초의 페미니스트 중한 명으로 조명하는 것도 이 때문이다. 여성들의 근대적 자각을 최대의 관심으로 여기고 그 사명을 감당하기 위해 앞서 달려나간 나혜석은 소설, 시를 비롯하여 수필, 평론 등 문학뿐만 아니라 그림, 만화, 논설 등 다양한 형식의 매체에서 자신의 의도를 뚜렷이 보여주었다.

여성보다 사람이 먼저

나혜석의 일본 유학 생활은 자기 정체성과 민족의식을 형성하는 데 크게 도움을 주었다. 당시 일본에 있는 조선 남자 유학생들 중심으로 1912년 '조선인유학생학우회'라는 모임을 만들고 『학지광』이라는 기관지를 발간했다. 나혜석은 여기에 세 편의 글을 발표했는데, 그 첫 번째 글이 1914년 12월 『학지광』 3호에 발표된, 근대적 여권을 주장하는 「이상적 부인」이라는 시론이었다. 나혜석의 각성은 여성단체의 조직과 활동으로 이어졌다. 1915년 도쿄에 유학 중이던 김마리아, 김정화 등 30여 명의 여학생을 중심으로 결성된 '조선여자유학생친목회'가 그 대표적인 경우다. 그녀는 도쿄여자미술대학 3학년에 재학 중이던 1917년 10월 친목회의 총무로 선임되었다. 여성 계몽을 위한 잡지의 발간에도 열성적이었는데, 친목회 기관지인 『여자계』는 사실상 그녀의 주도로 간행되었다. 1917년 창간된 『여자계』는 명목상으로는 우리나라 최초의 여성잡지이다.

그녀는 『학지광』 1917년 3월호에 수록한 「잡감」에서 "방긋 웃는 것이 여자의 미점이라 하오. 살짝 돌아서는 것이 여성의 귀염스러운 점이라 말들 합디다. …(중략)… 우리에게는 뜨거운 청 외에 맑은 이성을 구비치 않으면 아니 될 줄 아오."라고 한 바 있다. 말없이 미소만 짓는 여성을 미덕으로 몰아가는 사회 인식에 도전하여 합리적인 이성으로 행동하는 여성이 되어야 한다고 생각했다. 이어서 나혜석은 「잡감(雜感)-K언니에게 여(與)함」이라는 글에서 20세기에 사는 자각한 사람에게는 무가치한 칭찬보다 가치 있는 욕이 귀하다고 하면서, 세 가지 욕심을 가져야 한다고 주장했다. 첫째는 조선 여자도 사람이 될 욕심을 가져야겠고, 둘째는 자기소유를 만들려는 욕심이 있어야겠고, 셋째는 활동할 욕심을 가져야겠다는 것이었다. 그리고 이어서 말했다. "다행히 우리 조선 여자 중에 누구라도 가치 있는 욕을 먹는 자가 있다 하면 우리는 안심이오. 이 여자는 우리의 갈망하는 사업가라 하겠소. 우리의 배우지 못한 공부를 많이 한 자라 하겠소. 언니! 어서 공부해 가지고 사업합시다."

이처럼 나혜석은 비난을 감수하기로 마음먹고 새로운 역사를 세우고 여성들을 각성시키기 위해 희생할 각오와 자신의 의지를 피력했다. 나아가 여자가 너무 설친다고 욕먹는 것을 두려워하거나 여자가 안존한다는 칭찬을 듣고 싶어 여성으로서 마땅히 해야 할 일을 못 해서는 안 된다고 강조하면서 구체적으로 서구의 역사를 예로 들며 '여성도 사람이 될 것'을 주장하였다. 특히 그녀는 다음과 같이 부르짖었다.

'여자들아! 껍데기만 살지 말고 영혼이 있을지어다.' 절
규함이 20세기 여자의 무대요. 언니! 우리 조선 여자도
이 무대상에 참석할 욕심을 가져야 할 줄 알아요. 루소의
말이 '나는 학자와 장군을 만드는 것보다 먼저 사람을 만
들겠다.' 하였다 하오.(「잡감—K언니에게 여함」)

나혜석은 여자도 남자와 같이 그 본성에는 조금도 다름이
없다는 사상이 문예부흥기로부터 지금까지 내려오고 있음
을 주의 깊게 인식했다. 그리하여 남자가 이해할 수 있는 모
든 일을 여자도 능히 이해할 수 있다고 판단하면서 위와 같
이 말한 것이다. "'사람이 되고저'라는 것이 나혜석이 여성
으로서 추구한 평생의 목표였다. 여자도 사람이라는 것, 사
람이 되어야겠다는 것, 사람의 대우를 받아야겠다는 것, 이
것이 나혜석이 쓴 글이나 행동을 관통하는 하나의 주제이
며 그의 그림 속에도 이러한 흔적이 나타난다."고 할 수 있
다. 『매일신보』 1921년 4월 3일자에 실린 그녀의 시 「인형의
가」에 나오는 "내가 인형을 가지고 놀 때 / 기뻐하듯 / 아버지
의 딸인 인형으로 / 남편의 아내 인형으로 / 그들을 기쁘게 하
는 / 위안물 되도다"라는 구절처럼 나혜석은 여성도 사람이
라는 생각과 함께 여성에게도 인간적 권리가 있음을 표출하

1   이상경, 『나혜석 전집』, 태학사, 2000, 19쪽.

였다.

또한 나혜석은 근대적인 자각과 함께 이상적인 여성상을 그려보았다. 그녀의 글 「잡감-K언니에게 여함」을 다시 보면, 나혜석은 조선의 여자들에게 닥친 문제를 직시하고 여자들이 사명감으로 행동할 필요가 있다고 강조하였다. 나폴레옹이나 비스마르크가 위인이 될 욕심이 없었던들 어찌 후세 사람들의 뇌리 속에 기억될 수 있었겠는가라고 그녀는 반문한 바도 있다. 이어서 "우리는 어서 남들이 주장하는 '인격 존중이니, …(중략)… 또 사람다운 생활을 해야겠다'는 욕심도 내야겠고, 모방할 허영심도 많아져야 할 것이 아닐까요?"라고 말하기도 했다. 나혜석은 언제나 자신이 내딛는 한 걸음의 진보가 조선 여성의 진보가 될 것이라는 자의식을 뚜렷하게 가지고 있었다고 한다. 또다시 그녀는 강경하게 여성의 미래를 향한 자각을 촉구하였다. "탐험하는 자가 없으면 그 길은 영원히 못 갈 것이오. 우리가 욕심을 내지 아니하면 우리 자손들을 무엇을 주어 살리잔 말이오? 우리가 비난을 받지 않으면 우리 역사를 무엇으로 꾸미잔 말이오?" 비록 과정이 험난하고 비난이 따르더라도 꿈과 희망을 갖고 용감하게 나가야 한다는 선각자로서의 책임감을 분명하게 나타냈다. 이처럼 나혜석은 "자각한 사람들에게는 무가치한 칭찬보다는 가치 있는 욕이 귀하다"는 말과 함께 도쿄에서 발표한 짧은 글을 통해 한국의 여성과 조국의 미래를 위해 자신이 무엇을 해야 할 것인가를 뼈아프게 고민하며 조선 여성의 각성을 촉망하였다.

그녀는 인간으로서의 여성을 자각하고 가부장제에 반기를 들면서 생을 마감하는 순간까지 여성해방을 위한 투쟁에 온몸을 던졌다. 그녀의 소설 「경희」를 보더라도 아버지는 "계집애라는 것은 시집가서 아들딸 낳고 시부모 섬기고 남편을 공경하면 그만이니라."며 딸 경희에게 여자로서 시집이나 가라고 종용했다. 그러자 '경희'는 "계집애도 사람인 이상에는 못할 것이 없다고 해요. 사내와 같이 돈도 벌 수 있고 사내와 같이 벼슬도 할 수 있어요. 사내 하는 것은 무엇이든지 하는 세상이야요."라고 결혼을 거부하며 분명히 자신의 생각을 밝혔다. 아버지의 권유를 뿌리치고 스스로 고행의 길을 선택하는 '경희'는 "경희도 사람이다. 그다음에는 여자다. 그러면 여자라는 것보다 먼저 사람이다."라고 절규에 가깝게 독백하였다.

이처럼 「경희」의 주인공 '경희'가 자신은 '사람'이며 "사람으로 보이지 않는 험한 길을 찾지 않으면 누구더러 찾으라 하리."라고 깨닫는 것은 매우 유의미하다. 앞에서도 말했듯이 경희가 아버지에게 던지는 "먹고만 살다 죽으면 그것은 사람이 아니라 금수이지요. 보리밥이라도 제 노력으로

제 밥을 제가 먹는 것이 사람인 줄 압니다."라는 인간적 자각은 봉건적 인습과의 투쟁에서 피어난 절실한 가치임을 알 수 있다. '여성이기 전에 인간이라' 주장하는 나혜석에 대해 근대 초기의 계몽주의적 자유주의 여권론자로 부르기도 한다. '사실주의 소설의 성취'라는 쾌거도 이러한 여성들을 짓누르는 처절한 실체를 정확히 묘사한 데 따른 것임은 물론이다. 소설 「경희」가 발굴되면서 나혜석의 페미니즘 의식에 대한 연구가 활발하게 진행되고 있다.

1920년 3월 나혜석은 김일엽 · 박인덕 · 김활란 등과 함께 '청탑회'를 조직하고 여성잡지 『신여자』를 창간했다. 매주 1회 청탑회 모임을 통해 새로운 사상과 문학을 토론하였고, 그로부터 시작하여 나혜석 · 김일엽 · 김명순 등에게 당시 '1세대 신여성'이란 유행어가 붙여졌다고 본다. 『신여자』는 최초의 여성지라는 『여자계』와는 달리 여성들에 의해서 만들어지고 여성들만의 글을 실은 진정한 의미의 최초의 여성잡지로서 성 정체성에 관한 투철한 문제의식을 보여주었으며 여성주의적 관점에서 여성의 의식 개혁을 부르짖는 급진적 면모를 보여준 것으로 평가받고 있다.

1921년 나혜석은 민족의 현실과 애인의 죽음 앞에서 겪어야 하는 조선 여인의 처절함을 「냇물」과 「사(砂)」라는 시로 표현했다. "쫄쫄 흐르는 저 냇물 / 흐린 날은 푸르죽죽 / 맑은 날은 반짝반짝―언제든지 쉬임 없이 / 외롭게 흐르는 냇물"[2], "야원(野原) 가운데 깔려 있어 값없는 / 모래가 되고 보면 줍는 사람도 없이―피었다가 스러지면 흔적도 없이 / 뉘리서 찾아오랴"[3]가 그것이다. 이어서 나혜석은 남의 위안물이 될 수 있었던 여성들에게 낡은 삶을 떨쳐버리고 '노라'처럼 분연히 일어설 것을 역설하는 「인형의 가」를 발표하기에 이르렀다. 4연으로 된 전문에서 각 연의 마지막 구절만 발췌해보면 "노라를 놓아주게―사람이 되고저―나 이제 깨도다―사람은 너와 나"이다. 인간을 강조하는 나혜석의 여성의식은 개인과 사회와 인류에 공유되는 것이었으니 여성은 먼저 '사람답게 되고 또 여자답게' 되어야 하며 "부인 개개인이 다 스스로 깨닫고 알아 오면 그 문리로 가정을 정리할 수 있고 한 사회를 발전케 할 수 있으며 또 전 인류의 평화를 유지할 수 있을 것이라."[4]고 했다.

　나혜석은 오랫동안 남녀의 차별에 따른 여성의 억압과 고통에 대해 고민해왔으며, 결혼생활을 통해 남편과 아내의 역할과 권리에 대해서도 부당함을 지적하지 않을 수 없었다. 「이상적 부인」을 발표한 지 10여 년이 지난 후 나혜석이

2　나혜석, 「냇물」, 『폐허』, 1921. 4.
3　나혜석, 「사(砂)」, 『폐허』, 1921. 4.
4　나혜석, 「『부인』의 탄생을 축하하여」, 『부인』, 1923. 4.

"우선 내일 아침부터 당신 주무신 자리는 당신이 개시오. 그리고 세숫물도 당신이 손수 떠다가 하시오. 그렇게 모두 자치 생활을 시작합시다."[5]라고 제안한 것도 이와 무관하지 않다. 평등한 부부관계로의 지향은 그녀에게 여성해방과 여권회복의 가장 확실한 지표로 이해되었을 것이다.

그녀의 여성해방과 여권론의 특징은 모든 영역에서 가정과 사회에 만연된 가부장제와 남녀의 불평등에 이의를 제기하는 것이라 볼 수 있다. 더구나 화가이자 문인인 나혜석이 그림 또는 문학에 대한 작가정신에 몰입하기보다도 직접적으로 여성의 각성을 촉구하는 산문(에세이, 논설 등)을 많이 썼다는 점에서도 그녀의 여성운동가로서의 면모가 부각된다. 특히 「이혼고백장」, 「신생활에 들면서」, 「독신여성의 정조론」 등 이혼 후 직접적인 경험을 근거로 쓴 산문에 여성의식이 강하게 드러난다.

세계인의 안목을 갖춤

「부처간의 문답」(1923)에서 "그러니 지위가 높아지고 싶거든 나를 춘추로 1년에 두 번씩 풍속 다르고 경치 다른 곳으

---

5   나혜석, 「부처 간의 문답」, 『신여성』, 1923. 11.

로 여행을 시키란 말이오."라고 요구했듯이 나혜석은 계절마다 아름다운 곳을 찾아 떠나고 싶었다. 시선의 주체로 거듭나고자 했던 나혜석은 낡은 것과 단절하고 새로운 것과 만나기 위해 고군분투하였다. 일본 제국의 중심이나 구미 각국의 대도시로 떠나는 유학 또는 여행은 식민지 조선에 갇힌 그녀의 몸과 마음에 해방을 가져다주었다.

그녀는 5년 동안의 일본 유학에서 새로운 근대문명을 접하고 근대적 자아로서의 눈을 뜨게 되었다. 여자이기 전에 한 인간으로서의 존재적 각성을 중시하고 '노라'의 삶에 관심을 보이고 힘차게 여성해방을 부르짖었다. 나혜석이 유학하기 2년 전인 1911년, 도쿄에서는 이미 노르웨이의 극작가 입센의 〈인형의 집〉이 상연되었고, 일본 최초의 여성지 『세이토(靑鞜)』가 세상에 나오면서부터 입센의 극과 노라의 성격에 대해 언급했다. 『세이토』를 창간한 히라쓰카 라이초는 「노라씨에게」라는 편지글을 통해 신여성의 역할과 다짐 등을 적고 있다.

히라쓰카 라이초는 모리타 쇼헤이와의 정사 스캔들 이후 얼마간 집 안에 격리되어 지내다 『세이토』를 창간하는데, 자신이 결혼할 때 부모로부터 상속될 재산을 미리 받아 그것을 기반으로 잡지를 시작할 수 있었다고 한다. 나혜석은 어떤 신여성보다도 히라쓰카 라이초에 관심을 갖고, 『세이토』

창간사에서 "원시(원래) 여성은 태양이었다."고 한 바 있는 그녀를 이상적인 여성으로 삼고 있었다. '원래 여성은 태양이었다'는 말은 그 뒤로 여성해방 운동의 슬로건이 되었다. 1921년 10월 나혜석은 조선인으로서는 최고위직인 일본 외무성 소속 부영사의 부인이라는 신분으로 중국 안동현에 이주하여 행복하게 살았는데, 이때 조선의 히라쓰카 라이초라는 별명을 듣기[6]도 했다. 라이초의 주장은 여성이 선천적으로 타고난 모성으로 인하여 남성보다 우월하다고 한 스웨덴의 사상가 엘렌 케이의 사상에 근거를 둔 것이다.

나혜석은 「이상적 부인」(1914)에서 특히 노라 부인과 라이초 여사를 언급한 바 있는데, 이를 보면 유학 초부터 일본에 유행하고 있던 입센의 여성론과 『세이토』의 논지에 공감하고 있었음을 알 수 있다. 1910년대 일본에서 확산되고 있던 여성해방 의식이, 나혜석이 『학지광』에 발표했던 「이상적 부인」, 「잡감」, 「잡감—K언니에게 여함」, 이 세 편의 산문에 어떤 영향을 미쳤는가를 살핀 연구도 있다.[7]

그녀는 예술을 통한 자아의 발견, 개성의 표출 등 여성으

---

6 「무문관(無門關)」, 『매일신보』, 1921. 9. 25.
7 노영희, 「일본 신여성들과 비교해본 나혜석의 신여성관과 그 한계」, 『일어일문학연구』 32집, 한국일어일문학회, 1998, 343~353쪽.

로서의 자의식을 형상화하는데, 이는 구로다 세이키를 중심으로 한 하쿠바카이(白馬會)와 밀접한 관련을 맺고 있었던 『묘조(明星)』를 비롯하여 이를 이은 『시라카바(白樺)』(1910), 『세이토』(1911)의 영향이 컸다. 인상파(외광파)가 주도하는 개성의 창출을 중시한 『묘조』는 물론 세잔, 고흐 등 후기인상파의 화풍을 서구의 모던으로 인식한 『시라카바』에 이어 『세이토』가 보여주는 여성의식의 목소리는 그녀에게 크게 영향을 미쳤다.

나혜석은 진부한 제도와 인습적 질서를 파괴하고 여성에게 내재되어 있는 천재성을 끌어내고자 했던 라이초의 주장을 수용하고자 했다. 그리고 일본의 여성해방 분위기에 영향을 끼친 헨리크 입센과 엘렌 케이의 입장을 두루 섭렵하면서 여성의 가능성을 발견하고 조선 여성의 이상을 위해 계몽하기로 다짐하였다. 이 지점에서 빛이 상징하는 인상주의의 재현으로 1918년 3월 『여자계』에 발표한 소설 「경희」와 시 「광(光)」이 조명의 대상이 될 수 있다. 소설 속의 '경희'는 독립된 인격체로서의 여성의식을 보여주고 있는데 이러한 자각은 창을 열었을 때 쏟아져 들어오는 광선을 통해서 이루어지고 있으며, 시 「광」에서 보여준 빛의 의미가 여성 주체로 나아가는 자의식으로 치환될 수 있다.

나혜석은 1927년 6월부터 1929년 2월까지 약 1년 8개월간 구미 유람을 통해 이른바 여성성이 인정되는 중산층 가정생활을 눈으로 확인할 수 있었다. 부부가 제네바 군축회의를 방청하고 네덜란드를 여행한 후 파리로 돌아가 1개월 남짓 함께 지내다가 김우영은 3개월 먼저 독일로 갔다. 나혜석은 1928년 12월 말 독일로 갈 때까지 홀로 3개월을 파리에서 25분 거리의 근교에 있는 샬레의 집에서 지내게 되었다.[8] 그녀는 여성운동가들을 만났으며 여성해방의 역사를 배웠고 여성에 대한 생각의 변화를 겪고 귀국했다. 사회문화적 맥락에서 볼 때 나혜석은 20세기 초 전통적인 공간적 금기를 깨는 데 앞장섰다. 거리를 자유로이 활보하기는커녕 문밖출입도 힘들던 시기에 국경을 가로지르는 여행, 관찰, 기록 등의 문화 활동은 역사적 의미가 크다. 최초로 세계여행을 시도한 여성화가 나혜석이야말로 여성주의적 해석에서 중심의 자리를 벗어날 수 없다.

나혜석은 "나는 허영이 있고 욕심이 있는 자라야 공부도 잘하고 대사업을 이루는 자라 하오."라 하면서 새커리가 한 말을 떠올리며 "'움직이는 자여 실패 있음을 각오하라.' 하였다 하오. 옳소. 실패와 성공은 평행되는 줄 아오. 활동하는 자에게는 실패와 성공의 결과가 있을 것이오, 그 속에는

8　나혜석,「다정하고 실질적인 프랑스 부인」,『중앙』, 1934. 3.

승리와 희생이 있을 것이오."(「잡감―K언니에게 여함」)라고 한 바 있다. 이렇듯 나혜석은 자신이 단순히 현실을 추종하는 고루한 여성이 아님을 선언하였다. 세계 곳곳의 낯설고 역동적인 자극에 기꺼이 반응할 수 있어야 한다고 여겼던 나혜석은 조선 여성의 부족함이 바로 열정과 욕구가 없는 데 있다고 보았던 것이다. 고정된 시각과 가치를 배격하는 그녀야말로 체질적으로 코스모폴리탄적 감각과 예지가 있는 인물이었다.

그러나 그녀는 서구 사회에 대한 선망이 공허하고 황당한 것이 아니기를 바라며 객관적 태도를 견지하려 하였다. 「구미시찰기」를 보더라도 전체적으로 다문화적 시선을 유지하고 있으나 서구문화를 일방적으로 모방하는 태도에 대해 부정적이었다. 가령 스페인의 투우 문화에 대해서는 "소는 기묘한 사람의 기술에 놀림을 받다가 최후를 마치고 맙니다. 만일 소가 창으로 세 번 찌른 후에 죽지 못할 때에는 …(중략)… 관람객이 기사를 때리며 외칩니다. 때에 따라서는 투우하다가 불행히 기사가 3, 4인씩 죽어나가는 수가 있답니다."[9]라고 말했다. 나혜석은 '유순하고 정직하며 건실한 소가 교활한 인간의 놀림을 받다가 최후를 마친다'고 하며 인

9　나혜석, 「구미시찰기」, 『동아일보』, 1930. 4. 3~4. 10.

간의 야만적인 행위를 부각시키고 있다. 게다가 용감하다고 칭송받던 기사가 소에 지면 죽음을 맞기도 한다는 어이없는 사실도 지적하고 있다. 결국 생명을 경시하는 스페인 문화에 대한 반감이 고조되어 "서양인의 참혹성에는 기가 막혔다"고 혹평하였다. 파리에 대해서도 아래와 같이 말했다.

> 파리에 처음 도착할 때는 누구든지 예상 밖인 것에 놀라지 않을 수 없을 것이다. 우선 일기가 어둠침침한 것과 여자의 의복이 흑색을 많이 사용한 것을 볼 때 첫인상은 화려한 파리라는 것보다 음침한 파리라고 안 할 수 없다. 사실은 오래오래 두고 보아야 파리의 화려한 것을 조금씩 알아낼 수 있는 것이다.[10]

상상 속의 파리와 실제 목격하는 파리는 다를 수 있다. 대개는 상상의 세계가 실제의 모습을 압도하기 일쑤다. 일방적인 동경의 시각으로부터 거리를 두고자 하는 나혜석의 진지하고 침착함이 돋보인다. 화려함/음침함, 첫인상/두고보기 등에서 출발하여 이상(상상)/현실(실제)이 교차하는 지점에서 가치를 찾고자 하는 성숙함마저 엿볼 수 있다. 그녀가 힘들 때마다 파리에 가고 싶다고 했지만 파리에 갔다 와서

10 나혜석, 「꽃의 파리행」, 『삼천리』, 1933. 5.

다시 조선 사회에 적응할 것이 두려웠던 것도 사실이다. 이미 그 문화적 괴리 속에서 이혼이라는 쓰디쓴 맛을 보지 않았는가. 그래서 이혼 후 여자 미술학사를 경영하며 조선에서 새롭게 시작해보려 했던 것이다.

나혜석은 여성이 독립적 인간으로서 존엄시될 수 있는 가능성과 동시에 여성이 남성과 다른 성차를 지닐 수 있다는 생각을 깊이 하게 되었다. 그녀의 여성에 대한 근대적인 자각과 체험은 원하는 만큼 이루어지지는 않았지만 성찰을 가능하게 한 서구를 차용하면서 조선에서 현실적으로 실천 가능한 방향으로 집약되었다.

8
투철한 민족의식으로 살다

———

　나혜석에 대해 개인적 성향이 서구적이라거나 또는 부르주아적이라고 하는가 하면 심지어 조선의 식민지 지배 상황을 간과했다는 등 부정적 평가를 내리는 경우가 있다. 그렇지만 식민지 공간의 여성으로서 감당하기에는 너무나 막중한 역사적 사회적 부담이 많았으나 그런 가운데 민족적 사명을 잊지 않고 소박하게 자신이 할 일을 해냈음은 인정하지 않을 수 없다. 더구나 만주 안동에서의 생활은 나혜석의 민족의식이 민족운동과 결합되어 독립 운동가로의 위상을 잘 드러내고 있다.

민족의식이 뚜렷했다

1910년 나혜석이 졸업한 수원 삼일여학교는 사촌오빠인 나중석이 지역 유지들과 함께 설립한 민족적 성격의 사립학교이다. 삼일여학교의 창학이념과 교육적 실천은 어린 나혜석에게도 긍정적인 영향을 끼쳤다. 그녀의 일본 유학 시기는 민족의식 성장에 크게 도움을 주었는데, 조선의 노동 현실에 적극적인 관심을 보였던 오빠 경석의 영향과 함께 강력한 민족의식의 소유자였던 약혼자 최승구의 영향이 적지 않았다. 유학 시기 그녀가 교유했던 인사들의 성격을 고려한다면 민족의식을 고취시키기에 충분했다. 나혜석은 1915년 김마리아, 김필례 등과 함께 조선여자유학생친목회를 조직하였는데 이 역시 항일적 성격을 띠고 있었다. 1917년에 발표한 「잡감」과 「잡감—K언니에게 여함」이라는 논설을 비롯하여 1918년에 발표한 소설 「경희」와 「회생한 손녀에게」 등도 그녀의 민족의식과 밀접한 관련이 있다.

3·1운동에 참여하기 전에 나혜석은 위와 같은 글들을 통해 무차별적인 서구지향에 경계심을 고취하며 민족적 자의식을 표출했다. 글을 발표하기 시작하던 시절에 "내가 여자요. 여자가 무엇인지 알아야겠소. 내가 조선 사람이오. 조선 사람이 어떻게 해야 할 것을 알아야겠소."(「잡감—K언니에게

여함」)라고 자신이 '조선'의 여자임을 선언하였다. 나혜석에게서 여성의식과 민족의식이 분리되기 어려움을 확인하는 대목이기도 하다. 늘 새로운 시대정신을 염두에 둔 나혜석은 개인적인 처지에 안주하지 않고 조선 여성이 나아갈 길을 제시하고자 했다. 그러한 과정에서 조선 여성의 주체성을 강조하면서 남의 문화를 수용할 것을 주장하는가 하면, 우리가 개방적으로 학문을 배우고 조선화시켜야 한다고 피력했다.

「회생한 손녀에게」에서는 화자가 "새우젓에 맵디매운 고춧가루를 버무린 빨강 깍두기를 먹고 정신이 번쩍 났다."는 친구의 말에 "깍두기의 딸인 줄 알고 안심하겠다."고 하는 구절이 있다. 양약이 아닌 깍두기를 먹고 회생하는 손녀를 부각시키며 격려하고 기뻐하는 화자를 통해 음식에서조차 민족적 자긍심을 찾으려 했던 나혜석의 의식 속에는 민족이 살아 있었다. 수필 「4년 전 일기 중에서」에서는 1917년 여름 방학을 이용하여 서울로 돌아오던 기차 안에서 보았던 '상스러운' 일본 여성에 대해 "저것들이 우리나라에 가서 땅을 집고 주름을 잡고 제노라고 놀겠구나."라고 적개심을 직설적으로 드러낸 바 있다. 한편 1917년 도쿄의 여자미술학교

---

1   나혜석, 「4년 전 일기 중에서」, 『신여자』, 1920. 6.

졸업식에서 공식 행사가 끝나고 축하하는 여흥의 자리에서 2학년에 재학 중이던 나혜석이 조선어로 창가를 불렀다[2]는 것도 그녀의 민족의식과 무관하지 않을 것이다.

1918년 4월 일본 유학을 마치고 귀국한 이후 나혜석은 『공제』, 『개벽』 등에 사회성이 짙은 미술작품을 발표하였다. 『공제』는 조선의 노동현실에 적극적인 관심을 표명하며 1920년 창립된 노동공제회의 기관지였고, 『개벽』은 1920년 천도교의 이념을 전파하면서 민족의식을 고취하고자 했던 민족 언론의 하나였다. 1924년 제3회 조선미술전람회에 대한 평론에서도 나혜석은 서양류의 그림을 흉내 낼 때가 아니고 국민성을 통한 개성의 표현이 필요하다고 하면서 "서양의 풍과 반드시 달라야 할 조선 특수의 표현력을 가지지 아니하면 아니 될 것이다."[3]라고 민족의식을 잘 드러냈다. 실제로 그녀는 우리나라의 자연과 거기에 닮긴 삶의 모습을 주로 풍경화의 형식을 빌려 표현하고자 했다.

나혜석은 조선의 패션 및 의상에 대해서도 관심을 드러냈다. "트레머리들의 입은 옷은 물산 장려는 어디로 갔는지 일

---

2   여자미술학교 교우회, 『여자미술학교 교우회 잡지』, 사립여자미술학교, 1917, 132쪽. 윤범모, 「나혜석 미술세계의 연구쟁점과 과제」, 『나혜석연구』 창간호, 나혜석학회, 2012, 51~82쪽에 재인용.

3   나혜석, 「조선미술전람회를 구경하고」, 『개벽』, 1924. 7.

본 물건으로 많이 입게 된 것이 볼 때마다 지나쳐 볼 수 없게 된다."⁴ 1920년대 민족의 경제자립을 위해 전국적으로 일어났던 물산장려운동을 회고하면서 '조선옷'의 착용을 환기시키는 감각이 새롭게 느껴진다. 나혜석은 의복 개량의 문제와 관련해서도 세계적으로 자랑할 만한 '조선옷'의 특색이 무시되지 않는 상태에서 의복의 개량이 필요하다는 의견을 제시했다. 이어서 그녀는 조선의 미래를 책임질 아이들의 제복에 관한 언급을 통해서도 민족의식을 보였다. 즉 보통학교에서는 상하의 흑색을 입히는 것보다 청, 황, 적, 녹의 색으로 입히는 것이 아름다울 뿐 아니라 색감을 익히는 데 효과적일 것이라고 '조선의 색'을 강조한 바 있다.⁵ 김일엽과의 이 토론에서 나혜석은 사치를 부정하면서 검소를 주장하는 것은 인류의 진화적 본능을 무시하는 것이라며 작일의 사치품이 금일의 실용품이 될 수 있는 가능성까지 제시함으로서 사치/실용을 분리시키지 않으려는 융합적 안목을 보여주었다.

그녀가 민족의 경제 번영에 대해 깊이 관심을 가졌던 점도 쉽게 확인되고 있다. 이혼 후에 발표한 「구미여행기」 중

---

4   나혜석, 「경성 온 감상 일편」, 『동아일보』, 1927. 5. 27.
5   나혜석, 「김원주 형의 의견에 대하여」, 『동아일보』, 1921. 9. 28~10. 1.

에는 러시아를 향해 가면서 중국의 단둥시를 둘러보며 6년간 살았던 안동을 이렇게 회고했다. "안동에 조선인 금융회가 설립된 후 안동 주재 조선인 금융계의 중심기관이 되어 있어 그 전도가 유망하게 우리 눈에 보일 때에 무한히 기뻤었다."[6] 외교관의 아내로서 조국의 미래와 관련된 만주지역의 경제 실상을 바라보는 민족애가 잘 드러난다. 이어서 중국 하얼빈을 떠나 러시아 국경을 향하는 기차 안에서 드넓은 광야를 창 너머로 바라보면서 "쓰고 남은 땅이거든 우리나 주었으면"이라고 아쉬워하는 장면도 예사롭지 않다. 구미 여정 속에서 스위스 관광 중에 융프라우를 향하면서 "우리나라에도 강원도 일대를 세계적 피서지로 만들 필요가 절실히 있다."[7]고 생각하는 데서도 민족의 번영이나 근대화를 염원하는 의식을 엿볼 수 있다. 나혜석은 중심/주변, 문명/야만의 평면적인 이분법을 넘어서 세계여행을 통하여 서구란 중심부와 식민지 조선이란 주변부를 입체적으로 조망하고자 했다.[8]

6   나혜석, 「소비에트 러시아행」, 『삼천리』, 1932. 12.
7   나혜석, 「베를린과 파리」, 『삼천리』, 1933. 3.
8   손유경, 「나혜석의 구미 만유에 나타난 여성 산책자의 시선과 지리적 상상력」, 『민족문학사연구』 36호, 민족문학사연구소, 2008, 170~203쪽.

나혜석이 미술전람회에 대해 비평한 글을 보면 조국에 감사하는 마음이 잘 나타난다. 자신의 개인적 처지와 관계없이 국가와 민족에 대한 관심과 애정은 변함이 없었다고 본다.

> 대륙적이고도 남성적이고도 적극적이고 세계 어느 나라에서도 볼 수 없는 자랑할 만한 확실하고 쾌활하고 청명하게 푸른 물감을 쭉 뿌린 듯한 조선의 6월의 하늘은 다년간 이리저리 유랑생활을 하던 자에게는 한없는 짜릿짜릿함을 느끼게 되었다.[9]

세계 일주 속에 외국에 대한 동경과 찬탄을 거듭하면서도 깨끗하고 아름다운 자기의 조국과 산하를 잊을 수 없음을 실토하는 나혜석에게서 조선에 대한 깊은 사랑과 은근한 자부가 강렬하게 느껴진다. 그녀는 이미 일본의 유학이나 결혼 후 만주 이거 등에서도 현지 생활에 대한 기대와 함께 민족의 현실에 대한 우려를 품었던 바 있다. 자신의 뜻과 어긋나게 모든 것을 잃은 차가운 현실 앞에서 꿈꿀 여지가 있고 자유가 살아 있는 파리로 떠나고자 했을 때도 자신이 태어나고 성장한 조선, 자신의 본래 자리인 고국을 잊을 수는 없

---

9   나혜석, 「조선미술전람회 서양화 총평」, 『삼천리』, 1932. 7. 1,

었다.

> 한 사람이 이만치 되기에는 조선의 은혜를 많이 입었
> 다. 나는 반드시 보은할 사명이 있어야 할 것이다. 교육계
> 로 농업계로 상업계로 언론계로 문예계로 미술계로 인물
> 을 기다리는 이때가 아닌가. 무엇을 하나 조선을 위하여
> 보조치 못하고 어디로 간다는 것은 너무 이기적이 아닌
> 가.(「신생활에 들면서」)

자기만 살겠다는 이기적인 생각을 철저히 배격하며 국가
의 은혜를 갚고 싶어 하는 마음이 절절하게 다가온다. 자신
의 현실이 구차하고 능력이 부족하여 개탄스러워하는 태도
가 안타까울 뿐이다. 되돌아보면 유학까지 다녀오고, 서울
에서 개인전을 여는 서양화가로서 주위의 선망의 대상이기
도 했고, 남들이 생각할 수 없는 부부의 세계일주 등을 감행
한 부르주아 여성 지식인이다. 주체적 여성으로의 자각과
함께 자기 조국을 위한 감사와 봉사는 당연한 책무로 여겨
졌고, 역할을 다하지 못하는 강박관념 속에서 갈등이 심했
음이 감지된다.

　이상과 같이 나혜석의 민족의식은 학교교육과 유학 경험
을 비롯하여 교유했던 인물들의 영향을 받으며, 자각을 기
반으로 사회의식을 공유하면서 성장했던 것으로 간주된다.

민족운동을 전개함

나혜석은 1919년 3월 2일 이화학당 기숙사에서 2·8독립 선언에 참여했다. 도쿄에서 귀국한 김마리아와 황에스더를 비롯하여 박인덕, 김활란, 신준려 등과와 함께 여성을 중심으로 한 만세운동을 추진하기로 합의하였다. 이 회의에서 부인단체를 조직하여 조선의 독립운동을 전개할 것 등 황에 스더가 제안한 세 가지 운동 방향에 대해 결의한 뒤 향후 계획은 3월 4일에 다시 모여서 구체적으로 논의하기로 하고 헤어졌고, 각자 적극적인 활동을 전개해나갔는데 나혜석은 주로 운동자금의 모집에 주력했다.

그녀는 3월 3일 활동자금 조달을 위해 자신과 연고가 있는 개성과 평양으로 출발하였다. 개성에 도착한 나혜석은 정화여숙의 교장인 이정자를 방문했는데 이는 서울에서 여자보통학교를 다니던 이정자의 질녀가 나혜석의 이웃에 살고 있던 인연 때문이었다. 또한 평양에 가서 수원 삼일여학교 동창생이었던 정진여학교 박충애 선생을 만났다. 박충애의 어머니인 김메례는 나혜석의 삼일여학교 은사이며 나혜석의 민족의식에 상당한 영향을 끼친 인물이다. 박충애는 뒷날 기독교 계통의 여성운동가로 활약했고, 최승구의 사촌 동생인 최승만과 혼인하였다. 잠시 서울을 떠나 있는 동안 나혜석은 3월 4일 회의에서 만세운동을 이끌기 위해 결성된 조직의 간사로 선출되기도 했다. 서울로 돌아온 그녀는 3월 5일 이화학당 학생들이 만세를 부른 것이 계기가 되어 3월 8일 아침 즉각 체포되었다. 김마리아, 박인덕, 황에스더 등과 함께 연행되어 3월 18일 경성지방검사국에서 신문을 받았고 나혜석은 동지들과 같이 3·1운동을 확산시키는 데 적극 활동한 죄로 서대문 감옥에 구금되어 고초를 겪었다. 다행히 나혜석은 8월 4일 증거불충분으로 면소 석방되었다.

3월 2일 이화학당에서의 모임을 갖기 전에도 나혜석은 자신의 모교인 진명여학교 만세운동에 영향을 미쳤다. 즉 나혜석은 3월 2일 11시 진명여학교 기숙사로 가서 재학생 이정희에게 독립선언서 한 장을 전해주었다. 그리고 비장한 태도로 "오늘 오후 1시경 기숙사생 전부를 데리고 종로로 나와 만세시위에 참가하라."고 촉구하였다. 이정희는 이에 매우 감격하여 정희로·김영숙·최관실 등을 불러 시위에 참가하기 위한 준비를 하였다. 그리고 학생들은 교원들이 저지함에도 담을 넘는 등의 방법을 써서 경복궁 3문 해태상 앞에서 모여 종로 쪽으로 나가려고 했다. 그러나 도중에 경기도 경찰국 형사대가 순식간에 나타나 학생들 전부를 연행해 갔다. 물론 이 시위에는 참여하지 못하였지만 이 사건은 진명여학교의 3·1만세운동 참여의 중요한 사실로서 이 핵

심에 나혜석이 있었던 것이다.[10]

남편과 함께 단둥으로 가면서 다소간 숨통이 트인 나혜석은 그림을 그리는 한편 식민지 지식인으로서 새로운 활동을 하게 된다. 단둥에서는 외교관 부인이라는 신분을 이용해 독립운동가들을 비밀리에 지원하는 역할을 했다. 나혜석은 1923년 3월 의열단이 주도한 '황옥 경부 폭탄 사건'에서도 단원들을 도와주었다. 이 사건은 5월에 조선총독부, 조선은행, 경성우체국 등에 대한 폭파는 물론 사이토 총독과 미스노 정무총감 등의 암살 등 대규모 계획을 통해 일제에 결정적인 타격을 가하고자 했던 독립운동이다. 그러나 거사에 잠입했던 김재진의 밀고로 일경에 발각되어 실패하고 말았다. 의열단에서 대규모 파괴 암살 계획을 세우던 중 조사차 상하이에 온 경기도 경무국의 고급 정탐인 황옥을 포섭하고 김시현, 유석현 등이 그 실행의 책임을 맡았었다. 이 사건의 전개 과정에서 나혜석은 투옥되었던 단원들을 직접 찾아가 건강을 돌보아주고 정신적으로 용기를 북돋아주었으며, 유석현이 출소한 후에는 비밀리에 보관해두었던 권총 두 자루를 돌려주기도 했다.[11] 의열단이었던 유자명은 다음과 같이

10 최은희, 『추계 최은희 전집 2 – 한국근대여성사(중)』, 1991, 129~132쪽.
11 유현석, 「잊을 수 없는 사람들, 김우영–나혜석 부부」, 『한국경제신

회고하기도 했다.

> 나혜석은 김마리아가 애국부인회사건으로 대구의 감옥
> 에 갇혀 있을 때 직접 찾아가 철창 밖에서 김마리아를 보
> 고 뜻깊고 감정 있는 「김마리아 방문기」를 써서 신문에 발
> 표한 일이 있었다. …(중략)… 나혜석은 이와 같이 애국사
> 상을 갖고 있었기에 남정각과 박기홍을 자기의 친동기와
> 같이 대해주고 자기의 집에서 숙식케 하였다.[12]

그녀는 지속적으로 애국지사들과 공감대를 갖고 활동했
으며, 의열단원들로부터 애국사상이 투철했던 인물로 평가
받았다. 그녀는 1923년 8월에는 독립 활동자금 모금을 위해
국내에서 활동하다가 중국으로 들어가려던 아나키스트 정
화암이 압록강을 무사히 건널 수 있도록 도와주기도 했다.
"안동현 부영사 김우영의 부인이 이자경의 친구이므로 압록
강을 통과하는 것쯤은 무난하다고 이자경이 장담은 했지만
그래도 불안했다. 나혜석은 이자경과는 일본에서 같이 지냈
던 절친한 사이다. 여관에서 이자경이 나혜석에게 전화를

　문」, 1984. 11. 6.
12　유자명, 『나의 회억』, 요녕인민출판사, 1983.

걸었다."[13]라고 말한 정화암은 김상옥 열사의 종로경찰서 폭탄 투척 사건이 잠잠해지자 중국으로 재차 망명하려 했는데 문제는 국경을 넘는 것이었다.

한편 나혜석의 애국심에는 우국의 정서가 짙게 동반됨을 알 수 있다. 식민지 조선의 암울한 현실을 바라보는 그녀의 신산한 입장은 여러 글에 나타난다.

> 생활 전선에 선 이천만 민중은 저축 없고, 직업 없고, 실력 없이 살길에 헤매어, 할 수 없이 오사카로 만주로 남부여대하여 가는 자가 불소(不少)하외다. 과연 조선도 이제는 돈이 있든지 실력, 즉 재주가 있든지 하여야만 살게 되었사외다.(「이혼고백장」)

식민지 치하에서 살길이 막막하여 오사카나 만주 등으로 남부여대하여 떠도는 민중들의 처참한 모습을 어렵지 않게 떠올릴 수 있다. 배우지 못하고 가난한 식민지 백성의 고단함이 잘 묻어난다. 나혜석은 인용문에 이어서 지식인의 고뇌와 참담함도 언급하였다. 부유한 환경에 유학까지 한 여성으로서 안정된 삶을 누릴 수 있었음에도 불구하고 그녀는 어느 누구보다 민족의 장래를 걱정하고 민중의 현실을 아

---

13 정화암, 『이 조국 어디로 갈 것인가』, 자유문고, 1982, 52쪽.

파하는 시대정신을 가진 사람이었다. 해방 후 김우영, 최린, 이광수 등 나혜석의 인생에 깊숙하게 관련되었던, 조선 사회의 유력한 인물들은 나란히 반민특위 법정에 서게 된다. 이러한 상황을 고려할 때 나혜석의 삶에서 어떠한 친일적 행적도 찾아볼 수 없다는 것은 매우 놀랍고도 중요한 사실이다.

3·1만세운동과 관련해서 직접 조직을 규합하고 자금을 마련하고자 진력하다 체포되어 수감되었던 사건은 물론 위에 언급한 황옥 사건 등과의 연관을 통해 나혜석이 조선인으로서 치열하게 고민하고 행동했음을 간과할 수 없다. 나혜석은 영화 〈밀정〉(감독 김지운, 2016)에도 나오는 의열단 단원인 황옥에게 편의를 제공하는가 하면, 영화 〈암살〉(감독 최동훈, 2015)에 등장하는 의열단 단장 김원봉에게도 도움을 주는 등 식민지 지식인으로서의 역할을 적절히 해냈다.

특히 안동현은 나혜석이 가장 많은 일을 한 곳이었던 만큼 그녀에게 모성/여성성, 가정/민족, 평안/위태 등이 혼재되는 행복하면서도 긴장해야 했던 도전의 공간이었다. 조선여성의 문맹타파가 급선무라 생각하고 야학을 개설했던 곳도 안동이다. 육아와 내조라는 여성의 역할에 대해 갈등하면서 예술가로서의 자신을 구현하고자 노력하면서도, 식민지 지식인으로서 제국에 대한 저항적 의지를 구체적으로 드러냈던, 행동하는 지성인이었다. 비록 나혜석을 민족주의자라고는 단정할 수 없을지라도 그녀에게 민족의식이 투철했음은 분명하다.

나혜석은 조선을 위해 자신이 할 수 있는 일이라고 판단되면 온갖 어려움을 무릅쓰고 실천했다. 여성의 입장에서 직접 독립운동에 참여했을 뿐만 아니라 주체적으로 독립 운동가들을 후원하며, 교육활동을 전개하고, 생활의 개량에도 앞장서며, 왕성한 작품 활동에 이르기까지 다양한 방식으로 민족의식을 표출하였다. 이렇듯 민족운동과 함께 여성의식과 결부되는 나혜석의 민족의식은 암울한 시대정신을 적극 반영하는 역사적인 것이었다고 할 수 있다.

다만 나혜석은 남편이 일본의 관료로 일하는 것에 대한 고민은 하지 않은 것으로 보이며, 개인적으로 식민지 관료들과 인적 교류를 갖고 일본인들과도 친분을 유지했다고 할 수 있어 아쉬움을 남긴다.

제4부

길 위에서 죽다

〈화녕전 작약〉(1935/36)

9
재기의 불길이 사그라지다

안타깝게도 나혜석은 유럽의 낭만에 빠지면서 세계 일주 여행을 다녀온 후의 긍정적 에너지를 충분히 살리기 힘든 상황을 맞게 되었다. 근본적으로 자신의 선택과 책임이긴 했으나 원하지 않은, 아니 예기치 못한 이혼으로 인해 새로운 삶과 예술의 불꽃은 뜻대로 살아나지 않았다.

나혜석은 자유와 개성을 발현하는 이상적인 삶을 구가하고 싶었지만 현실적으로 많은 어려움에 직면하게 되었다. 더욱이 가부장제의 억압이 엄존하는 결혼이라는 제도와 거기서 비롯되는 가족들과의 새로운 관계, 여성에게 당연하게 부과되어온 임신과 출산, 육아 문제는 개인의 삶을 중시하고 집중해야 하는 예술가에게는 커다란 난관이었다. 자아실현에 장애가 되는 것은 가정만이 아니라 변화와 개혁을 쉽게 용납하지 못하고 질기게 남아 있는 경직된 사회의 관습과 인식이었다. 나혜석의 꿈은 개인/사회, 자아/가정, 예술/인생, 여성/모성 등의 대립적 구도를 해소하고 융합의 지점으로 나가는 것이지만 현실은 언제나 충족되지 않았다.

그녀는 결혼 후에도 자신의 가치관에 따라 화가로서의 활동을 열심히 했고 신여성으로서 모범적 생활을 해야 한다는 자각 때문에 아내와 어머니로서의 역할에 충실하고자 노력했다. 일상생활의 고단함과 함께 집안사람들과 복잡한 관계 속에서 야기되는 소외감 등 심신의 피로를 느끼고 있던 시기 김우영은 아내에게 일본 외무성이 포상으로 제공하는 구미 시찰의 기회를 동반 여행으로 제안했다. 그녀에게 구미 여행은 절호의 탈출구가 되었으나 어린아이 셋을 칠순이 된 시어머니에게 맡겨두고 떠나는 조선 최초의 부부 동반 구미 여행은 조선을 떠들썩하게 만든 놀라운 사건이었다.

세계의 변방에 자리한 식민지 조선인으로서의 한계로 절망하던 나혜석은 서구의 새로운 세상에서 자아의 해방을 느꼈을 것이다. 오랫동안 꿈꿔왔던 이상과 자유에 대한 갈망이었다. 지적 동반자로서의 부부의 모습도 보았고 사교계의 개방적인 풍조도 목격했다. 결국 유럽의 낭만적 분위기에서 나혜석은 예술적으로 소통되는, 남편의 8년 선배인 남자 최린을 만났고 두 달 남짓 짧은 사랑에 빠졌다. 나혜석의 조카인 나영균은 "최린은 예술가 기질이 있는 재사였다. 몸매는 깡마르고 얼굴도 갸름하며 말 잘하고 글 잘 쓰고 어떤 화제가 나와도 막히는 일이 없었다. 서도와 묵화에도 상당한 소양이 있었다."[1]고 밝힌 바 있다. 최린과의 연애 사건은 이후 나혜석의 인생을 몰락에 이르게 하는 직접적인 원인이 되었다. 너무나 순진했던 나혜석은 최린과의 불륜관계를 아래와 같이 적고 있다.

> 나는 결코 내 남편을 속이고 다른 남자, 즉 C를 사랑하려고 하는 것은 아니었나이다. 오히려 남편에게 정이 두터워지리라고 믿었사외다. …(중략)… 중심되는 본부(本夫)나 본처(本妻)를 어찌 않는 범위 내의 행동은 죄도 아니요, 실수도 아니라 가장 진보된 사람에게 마땅히 있어야 할 감정이라고 생각합니다.(「이혼고백장」)

'남편을 속이고 외도하려 했던 것이 전혀 아니라'는 그녀의 말은 사실일 것이다. 오히려 남편과 정이 더 두터워지리라 믿었던 것도 사실이라 본다. 너무 순수하다고나 할까 무지하다고나 할까. 연애는 나를 자각하는 것이라면 결혼은 우리를 자각하는 것이요, 연애는 감성의 발견이라면 결혼은

---

1   나영균, 『일제시대, 우리가족은』, 황소자리, 2004, 170쪽.

인류의 발견이라고 하는 일부 학자들의 말에 비추어 볼 때 나혜석의 경우 참으로 어이없는 발상이요 주장이라 할 수 있다. 현실은 현실일 뿐임에도 불구하고 나혜석은 현실을 이상으로 착각할 만큼 이상/현실의 융합을 너무나 강하게 염두에 둔 데 원인이 있는 것은 아닐까 생각해 본다. 아내나 어머니로서의 헌신적 삶이 아닌 여성으로서의 자기 인생에 대해 충실할 수 있었던 짧은 시간이었다.

그러나 무엇보다 중요한 것은 여성도 성욕과 취향을 가졌음을 남편과 사회가 인정해야 한다는 인식이다. 이러한 성적 욕망에 대한 자기 결정권의 주장은 기존의 도덕 관념을 파괴하는 대단히 선구적인 발언으로서 아직 열리지 못한 사회적 안목으로는 감당이 되지 않았다. 더구나 지난일을 구실 삼아 이혼을 주장하는 남편의 외도는 유치하고 비겁한 행동으로 판단되지 않을 수 없었다. "상대자의 불품행(不品行)을 논할진대 자기 자신이 청백할 것이 당연한 일이거든 남자라는 명목하에 이성과 놀고 자도 관계없다는 당당한 권리를 가졌으니 사회제도도 제도려니와 몰상식한 태도에는 웃음이 나왔나이다."(「이혼고백장」)라고 그녀는 개탄스러워했다.

김우영과 이혼을 하게 된 나혜석은 지성을 갖춘 주체적 여성으로서 남성 위주의 사회제도와 법률과 인습에 도전하고 저항하며 자유의 몸으로 독립적인 삶의 길에 들어선다. 그러나 생각이 시대를 앞서 개방적이고 원대했을 뿐만 아니라, 자기의 판단력에 너무 자신감을 갖고 세상을 두려워할 줄 모르는 나혜석에 대해 당시 사회의 도덕 관념에서 용납되기는 어려웠다. 혁신/관습, 열정/도덕의 갈등을 넘어서고자 하는 융합 지향의 삶은 그녀가 살아 있는 한 지속될 수밖에 없었다.

1931년 봄이 되어 나혜석은 금강산 만상정에 한 달가량 머물면서 20여 점의 작품을 완성했으며 작가적 열정을 불태우고 있었다. 그때 그린 그림과 파리에서 그렸던 것들 가운데 몇 작품을 1931년 제10회 조선미전에 출품했는데, 〈작약〉과 〈나부〉가 입선되고 〈정원〉이 특선하는 성과를 거뒀다. 같은 해 '제전'에 입선한 뒤에 쓴 「나를 잊지 않는 행복」을 통해 "생활이 다 나를 기쁘게 만든 것이오. 다 나를 진보시킨 것이다. 그런데 왜 그때그때 과거에 있어서는 그다지 길이 좁았던고!"[2]라고 하는 데서 전업 화가로서의 길을 모색하고 있는 나혜석의 당당한 모습을 엿볼 수 있다. 한편 파리에서 귀국한 후에도 계속해서 조선미술전람회에 출품하는 패기를 잃지 않았다. 해외 체류 기간에 그렸던 〈스페인 국

<hr />

2　나혜석, 「나를 잊지 않는 행복」, 『삼천리』, 1931. 11.

경〉, 〈스페인 해수욕장〉 등의 풍경화는 섬세한 붓놀림, 밝고 고운 색조, 신선한 구도 등의 새로운 예술적 기법을 보여주었다. 삶의 변화와 사고의 성숙에 따라 대상을 입체적으로 파악하려는 작가로서의 원숙한 기량도 다분히 드러냈다. 이혼하고 방황하던 중에는 매일신보 사장을 지낸 아베 요시에가 나서서 나혜석이 작품 활동에 몰두할 수 있도록 도와주었다.

그러나 이혼 후 몇 년이 흐른 뒤에도 가혹한 사회적 냉대는 지속되었고 그에 따라 나혜석의 처지는 더욱 초라해져 가고 있었다. 그럼에도 불구하고, 그녀는 새로운 사조에 관심을 갖고 사회에 참여하고자 노력했지만 극도의 신경쇠약으로 아주 어려운 시기를 보내야 했다. 나혜석은 참기 힘든 고뇌와 고독, 그리고 갈수록 약해지는 마음을 독백하는 글과 그림을 계속 발표했다. 1932년 제11회 조선미술전람회에 〈금강산 만상정〉 등을 출품하고 세계 일주의 「구미여행기」를 잡지에 연재하는 등 다수의 에세이, 기행문, 논평 등을 발표하기도 했다. 그리고 화가로서 재기하고자 다짐하면서 1932년 여름 금강산으로 들어가서 제13회 제국미술원 전람회에 출품하기 위해 그림에 몰두했다. 금강산은 새로운 주체로의 변화를 모색하는 공간이자 재영토화를 지향하는 나혜석의 창조의 공간이 되었다. 하지만 불행하게도 머무르고 있던 집에 불이 나 불과 10여 점을 꺼내고 나머지는 모두 불에 타버렸다. 갑작스런 화재에 너무나 아까운 것들을 잃고 병까지 얻었다고 한다. 1933년 37세 때는 후학을 양성하고자 '여자미술학사'를 개설 운영했으나 실패했다. 1933년 이후 나혜석의 그림은 조선미술전람회에 나타나지 않았으며 많은 스케치를 남기긴 하나 이미 재기의 빛은 퇴색하고 있었다. 1934년에 남성 지배 사회에 도전하여 「이혼고백장」을 발표했으나, 전무후무한 역사적 사건으로 남았을 뿐이다. 그후 세상 남녀 모두의 비난에도 불구하고 최린을 고소하기에 이르렀다. 이런 일을 겪으며 여성해방 및 여권운동은 불붙기 시작했지만 부정한 여자라고 하는 시각은 그녀를 재기 불능 상태로 만들어버렸다.

최린으로부터 위자료를 받은 나혜석은 1935년에 고향인 수원에 내려가 집을 마련하고 그림을 그리며 지냈다. 그러나 모든 게 여의치 않았고 생활비를 벌기 위해 서울 진고개의 조선관에서 소품전을 열었지만 역시 이혼 사건을 빌미로 한 냉소 속에 그녀는 더욱 좌절감을 느껴야 했다. 1937년 후반 시어머니의 부음을 듣고 동래로 달려갔으나 김우영의 완강한 거부로 쫓겨나는 수모를 당하는 등 사회로부터의 외면이 심각해지자 친구 김일엽이 있는 수덕사에 찾아가 7년가량 그 근처에서 머물렀으나 '자기를 잊지 않는 것'이 삶

의 신조였던 그녀는 불문에 귀의하지는 않았다. "당신과 내
힘으로 못살겠거든 우리 종교를 잘 믿어 종교의 힘으로 삽
시다."(「이혼고백장」)라며 남편을 설득할 정도로 기독교에 의
지하고 있었던 나혜석이 말년에는 기독교인보다 불교도로
살았지만 그녀에게 기독교나 불교가 주는 개별적 특성이나
의미는 그렇게 중요하지 않을 수 있었다. 개별 종교에 집착
하기보다는 두 종교 모두 그녀에게는 생명을 귀하게 여기고
진정한 사랑을 깨닫고 실천하는 데 필요한 것으로 생각되었
을 것이요, 둘은 서로 다르면서도 크게 하나로 융합되어야
하는 것으로 그녀는 인식했을 것이다.

숱한 어려움 속에서도 나혜석은 여행과 작품 활동을 꾸준
히 하였을 뿐만 아니라 1940년까지 『삼천리』 잡지에 왕성하
게 글을 실었다. 생활의 궁핍을 참고 견디며, 예술에 인생을
걸고 자신의 운명을 딛고 일어서려는 고투가 계속되었지만
사회의 무관심 속에 그녀는 날이 갈수록 정신적으로 피폐해
짐을 감수해야 했다. 가정생활의 파탄과 사회에서의 고립은
그녀의 심각한 내면적 갈등과 헤어날 수 없는 고독으로 이
어졌고, 나혜석의 사회 활동과 작품 활동도 사실상 종말을
맞아야 했다. 말년에는 참을 수 없는 정신적 고통과 번민 속
에 언어적 장애를 겪으며 수족의 놀림마저 부자유스럽게 되
었으나 끝내 그녀는 자기 패배를 인정하지 않았다.

그동안, 나혜석은 문명적 서구사회를 여행하면서 서양의 풍속에는 동양 풍속보다 더 못된 풍속이 있음을 확인했고, 자신의 자리로 돌아와 비문명적 조선 사회를 성찰하는 질문을 지속적으로 던지는 노력을 해왔다. 그녀가 갖춘 근원적인 가치관과 시각의 특성은 어느 한쪽으로 치우치지 않으려고 했다는 점이다. 지식 면에서도 미흡하고 인성 면에서도 부족한 자신을 되돌아보면서 파리인의 사교심이나 조선인의 원시심에는 각각의 고유한 미덕이 있음을 아래와 같이 강조하였다.

> 식자우환으로 조금 아는 것을 잘 소화 못 시킨 나는 점점 편성(偏性)으로 달아난다. 이런 결점이 보일 때마다 늘 반성하는 동시에 후자에게 더욱 친근한 맛을 느끼게 되는 것이다. 또 한 가지는 어찌하면 나와 남 사이에 평화하게 살아볼까 하는 것이었다. 파리인의 사교심이든지 조선 농촌의 원시심이 그 요점은 극기(克己)다. 사람이 다 각각 개성이 있는 이상 아(我)만 세울 수 없는 것이다. 더욱이 지방 부인들의 극기심, 즉 부덕이며 많은 친척 사이에 융화해 가는 포용성은 수양상 반드시 한 번은 보아 둘 필요가 있는 것을 절실히 느낀다.(「아아 자유의 파리가 그리워」)

나혜석은 "나는 사물을 대할 때마다 이렇게 생각한다. 파리나 조선 지방이 그 인정이나 자연스러운 태도가 일치되는 점이 많다고 본다. 다만 전자는 문명이 극도에 달한 사교술이요, 후자는 미개한 원시적인 차이일 뿐이다. 그러므로 전자보다 후자에게 뜨뜻한 맛이 더 있어 보인다."라는 말을 하고 난 뒤 이어서 위와 같이 말했던 것이다. 지식인으로서의 끊임없는 융합 지향의 노력에도 불구하고 한쪽으로 기울고 마는 자신의 '편성(偏性)'에 안타까워하는 모습이 절실하게 느껴진다. 더구나 회고하는 대목에서의 너/나의 공존과 평화, 파리/조선이나 보편/개성의 균형 잡힌 시각과 소망은 매우 의미 있게 다가온다. 비록 실패했으나 그녀가 얼마나 융합을 강하게 염원했는지를 엿보게 하기 때문이다.

다시 1935년 자기 자신에게 절망하고, 자기로 인해 불행해지는 주위 사람들로부터 벗어나기를 바라면서 어느 날 산보를 하다가 움집 하나를 발견하고 자신보다는 행복한 사람들이라는 생각이 들었다. 얼굴을 들고 나설 수 없으니 자신은 장차 어디로 갈 것인가. 순간 눈물이 핑 돌면서 외쳤다. "가자, 파리로 살러 가지 말고 죽으러 가자. 나를 죽인 곳은 파리다. 나를 정말 여성으로 만들어준 곳도 파리다. 나는 파리 가 죽으련다. 찾을 것도 만날 것도 얻을 것도 없다."(「신생활에 들면서」)

한 개인은 자기가 태어난 시대를 넘어서기 힘들다. 나혜석 역시 근대 사회로 변환하는 길목의 조선 사회에 여자로 태어난 자신의 시대적 운명을 넘어서기 위해 피투성이의 싸움을 치렀다. 그리고 패배하였다.[3] 그럼에도 불구하고 위와 같이 자유를 향해 절규하는 데서 그녀의 현실/이상, 죽음/삶, 과거/현재의 갈등을 초월하는 영원과 미래를 향한 융합적 꿈을 느끼게 된다. 그녀는 "과거와 현재가 공(空)인 나는 미래로 나가자."고 했다.

---

3 이상경, 『나혜석 전집』, 태학사, 2000, 50쪽.

10
길에서 생을 마감하다

뛰어난 미모와 재능에다 격정적이면서 충동적인 나혜석은 파란만장한 생애를 예고하고 있었다. 스스로 절제하지 못한 탓에 자신을 고독에 가두었고, 그녀의 꼿꼿하고 선진적인 입장을 도저히 따라갈 수 없는 일반인들의 지탄과 냉대는 결국 그녀를 떠돌이 삶을 살다 행려병자로 치부될 수밖에 없도록 만들었다.

불륜으로 인해 아내의 자리도 어머니의 자리도 강제로 박탈당한 후 나혜석은 가정에서뿐만 아니라 조선 사회에서 현모양처의 이념과는 가장 거리가 먼 버림 받은 여자가 되었다. 다시 말해 나혜석은 융합을 지향하는 자유로운 정신의 삶과 함께 여성운동, 예술적 활동은 물론 민족의식의 표출 등 식민지 지식인으로서의 책임을 다하고자 애쓰다가 이혼을 당하고 맨 몸으로 쫓겨나는 비운을 맞았다.

그러나 주위 사람들로부터 몰매를 맞고 죽을 때까지도 그
녀는 현모양처가 여성의 모범상이던 냉엄한 시대적 벽을 넘
어서고자 끝없이 맞섰다. 한 여성을 파멸로 몰아넣고도 멀
쩡하고 당당하게 살아가는 남성 주도의 부당한 사회와 그를
묵인하는 그릇된 제도에 도전이라도 하듯 그녀는 용기 있게
자신의 정체성을 드러내는 미술전람회를 개최하였다. 하지
만 역시 조선 사회의 반응은 싸늘했고, 그리하여 몸도 마음
도 추스를 여유 없이 쓸쓸한 생활 속에서 나혜석은 서서히
병들어갔다.

이혼과 스캔들로 인해 사회 일반의 비난은 물론 일생의
후원자였던 오빠 나경석으로부터도 배척당하고 다른 가족
과 친척들로부터도 완전히 소외되었던 나혜석은 극심한 경
제적 어려움과 심리적 고통을 겪을 수밖에 없었다.

나혜석은 1937년 말 예산의 수덕사 견성암으로 김일엽을
찾아갔다가 1943년까지 수덕사 밑에 있는 수덕여관에 주로
머물면서 그림을 그리고 해인사, 다솔사 등 여기저기로 돌
아다녔으며 지인을 찾아 서울을 오가기도 했다. 1940년에
김우영이 총독부 참여관으로 승진하여 충청남도 산업부장
이 되어 대전에 살고 있었으므로 나혜석은 아이들을 만나보
기 위해 종종 아이들이 다니는 학교로 찾아가곤 했는데, 이

사실을 안 김우영은 경찰을 시켜 만나지 못하도록 막기도 했다고 한다.

1944년 49세가 된 나혜석은 수덕사를 떠나 아이들이 이사해 사는 서울에 자주 나타났고, 개성에서 교사로 일하고 있는 큰딸 나열을 찾아가 얼마 동안 의탁하기도 했다. 한편 오빠 나경석이 1941년에 만주의 살림을 정리하고 서울로 돌아와 살고 있었는데, 1944년에 나경석의 부인이 오빠 집을 찾아온 나혜석을 받아들였다가 나혜석과 함께 집에서 쫓겨나기도 했다.

1944년 10월 21일 나혜석은 오빠 나경석의 주선으로 서울 인왕산 청운양로원에 맡겨졌다. 심영덕이라는 이름으로 들어갔다가 나고근(羅古根)으로 고쳤다고 한다. 나혜석은 양로원에서 생활하는 것을 견디지 못하고 틈만 있으면 빠져나와 서울의 친지들을 찾아왔다가 사라지곤 하는 행동을 되풀이했다. 그리고 1946년 안양의 경성보육원에서 회고록을 집필하다가 마침내 1948년 12월 10일 원효로의 서울 시립 자제원(지금의 용산경찰서 자리) 무연고자 병동에서 53세를 일기로 아무도 모르게 눈을 감아야 했다. 그리고 1949년 3월 14일자 관보에 그 사실이 공고되었다. 그녀의 무덤은 어디에도 남아 있지 않다.

안양의 경성보육원에서 나혜석을 만났다는 화가 박인경

이 나혜석을 직접 만나본 마지막 한 사람이 아닐까 하는 생각이 든다. 한국 동양화의 대가 고암 이응노 화백의 미망인인 박인경 화가에게는 안양에 사는 외사촌 오빠가 하나 있었다. 그 오빠가 보육원을 운영하였는데, 이름하여 안양 경성보육원으로 처음에는 고아원이었으나 해방 후에는 양로원도 겸하게 된 곳이었다. 그 외삼촌의 권유로 1947년에 박인경은 나혜석을 만날 수 있었던 것이다. 그녀의 증언에 따라 "1947년 이화여대에서 미술을 공부하고 있던 젊은 시절의 화가 박인경이 경성보육원에서 나혜석을 만났고 나혜석이 자서전 같은 것을 쓰고 있는 것을 청서해주기도 했다."[1]는 사실이 전하고 있다.

세상으로부터 격리되고 죽기 전까지도 꿈을 향해 자유를 구가하는 존재로 살고자 했던 나혜석은 거듭해서 양로원을 떠났다. 마지막 순간까지 자신의 인생에서 사랑과 예술이 꽃을 피운 가장 이상적인 공간이었던 파리로 갈 수 있기를 바라다가 결국 거리에서 죽어갔다. 어느 누구의 도움도 받을 수 없는 길 위에서 자유로운 죽음을 선택했던 나혜석은 의로운 인간의 위대한 면모를 보여주었다. 삶과 의(義) 가운데 하나를 택하라면 기꺼이 삶을 버리고 의를 택하겠다고

1   이상경, 『나혜석 전집』, 태학사, 2000, 697쪽.

말한 맹자의 입장을 쉽게 떠올릴 수 있다. 그녀는 조선의 선비와 같은 삶을 살다 간 위인이라 할 수 있다.

나혜석은 죽음을 두려워하지 않았다. 죽을 수밖에 없는 현실이 안타까울 따름이었다. 그녀는 도덕과 법률로 하여 원통한 죽음이 오죽 많으며 원한을 품은 자가 얼마나 많을까를 생각해보았다. 다만 결코 손을 대서는 아니 된다고 한 과실에 손을 댄 것은 뱀의 유혹이었고 이브의 호기심이 아니었나. 자신은 확실히 유혹을 받았고 호기심을 가졌었음을 인정하였다. 그렇더라도 양심은 살아 있었기에 크게 부끄러울 수는 없었다.

나는 나는 이것을 가지고 파리로 가련다. 살러 가지 않고 죽으러. 가면서 나의 할 말은 이것이다. 청구씨여, 반드시 후회 있을 때 내 이름 한 번 불러주소. 사 남매 아이들아. 에미를 원망치 말고 사회 제도와 도덕과 법률과 인습을 원망하라. 네 에미는 과도기에 선각자로 그 운명의 줄에 희생된 자이었더니라.(「신생활에 들면서」)

최린과 만남의 동기가 악한 것은 아니었다고 판단되나 어린 아이들의 미래를 생각해서라도 남편에게 사죄하기로 결심하고 모든 것을 용서해달라고 애원도 하였다. 그럼에도 불구하고 남편의 분노는 사그라들지 않아 이혼에 이르고 만

것이다. 이혼만은 되돌려보려고 갖은 노력을 다했으나 허사가 되었다.

이제 주저함 없이 용기 있게 나갔다. "파리로 살러 가지 말고 죽으러 가자. 나를 죽인 곳이 파리며 나를 여성으로 만들어준 곳도 파리다."라는 말에 이어 위와 같이 외치는 나혜석의 심정은 절절하기 그지없이 느껴진다. 과거/현재의 갈등이 해소되고 생/사의 대립이 사라지는 미래 세계가 바로 선각자 나혜석이 추구하던 융합의 경지임을 알 수 있다. 그리고 과도기에 놓인 융합의 길이 얼마나 험난한가를 새삼 깨닫게 된다. 나혜석이 죽어간 거리는 통제와 강압의 지배 질서로부터 끊임없이 이탈을 시도하며 반발하고 저항하는 과정에 위치한 창조적인 융합의 지점이다.

길은 어느 곳으로나 막힘이 없이 통하며 모든 공간으로 나아갈 가능성을 내포하며 갇혀 있는 내부가 아니라 탁 트인 외부의 공간으로 가능성의 무대이기 때문이다. 가장 화려한 생이 몰락으로 치닫다가 종국에 도달한 지점으로서의 거리와 그곳에서의 죽음은 당연히 극적 단계에서 결말에 해당한다.

나혜석은 평생을 남성이 주도하는 세계의 중심에서 벗어나 주변부에 머물렀다. 세상의 중심을 지향하면서도 남성이 이끌어가는 중심과는 타협하지 않고 새로운 시선으로 자기의 길을 모색했다.[2] 다시 말하면 그녀에게 아예 중심/주변의 분별은 의미가 없었고, 남/여의 차별은 더욱 인정될 수 없었다. 나혜석은 고정관념에 사로잡힌 가치에 정착하는 대신 끝없이 새로운 가치를 꿈꾸고 실천하고자 했던 융합 지향의 인물이다.

나혜석은 "세계 중에는 형형색색의 세상이 많다. 이 세상에서는 저 세상을 동경하고 저 세상에서는 이 세상을 동경하니 어느 것이 좋으며 어느 것이 나으며 어느 것이 옳은지 조금 아는 지식으로는 판단하기 어렵다."(「아아 자유의 파리가 그리워」)고 고백했다. 그녀는 서양/동양, 파리/경성 등의 세계를 문명/야만의 이분법이 아닌, 통합적 시각으로 인식하고자 했다. 나혜석의 관심은 대상을 일방적·위계적으로 파악하는 데 있지 않고, 대상에 내재할 수 있는 상호의 모순을 드러내는 한편 교차 가능한 가치를 승화시키면서 자신의 입지를 상대화 또는 강화할 수 있었다.

그러나 나혜석의 융합 지향의 선진성은 당대에는 그러한 지점까지 나아가지 못했고 오히려 낙후된 시대의 비난의 대상이 될 뿐이었다. 긴 세월이 흐른 뒤에야 융합의 꿈을 지녔던 나혜석은 비로소 한국 최초의 페미니스트라 불릴 만큼

2   유진월, 『신여성을 스토리텔링하다』, 평민사, 2021, 45쪽.

나혜석, 융합적 삶을 위한 외길에 홀로 서다

페미니즘의 선구자요, 근대의 화가, 문인, 독립운동가 등으로 호명될 정도로 한국 근대문화의 선각자로서의 위상을 차지하게 되었다.

에필로그

　나혜석은 어떠한 환경이나 난관에도 개의치 않고 자신이 옳다고 믿고 선택한 크고 바른길을 꿋꿋하게 걸어 나갔던 선비 같은 의인(義人)이었다. 세속적인 욕심이나 자신의 안일을 버리고 시대를 초월하여 여성도 인간임을 외치며 외롭게 살다가 홀연히 우리 곁을 떠난 진정한 자유인이다.

　더구나 나혜석의 의리와 자유가 융합의 지점을 향하고 있다는 데 그 의의가 적지 않다. 그녀는 죽기 전까지 언제나 양자택일에 문제를 제기하고 전체를 아우르고자 노력했다. 끊임없이 이상/현실, 정신/물질, 종교/예술, 가정/사회, 남성/여성, 이성/감성, 모성/자기애 등 양자의 관계 속에서 갈등하지 않을 수 없었으며, 서로 상반되거나 모순되는 세계를 넘어서고자 안간힘을 썼다.

그토록 원치 않고 피해보려고 노력했던 이혼이 성사된 후 그녀가 남편에게 자아의 행로와 가족으로서의 삶이 왜 양자택일의 대상이 되어야만 하는지를 묻는 대목은 시사하는 바가 크다. 즉, "씨와 동거하면서 때때로 의사 충돌을 하며 아이들과 살림살이에 엄벙덤벙 시일을 보내는 것이 행복스러웠을는지, 또는 방랑 생활로 나서 스케치 박스를 메고 캔버스에 그림 그리고 다니는 이 생활이 행복스러울지 모르겠소. 그러나 인생은 가정만도 인생이 아니요, 예술만도 인생이 아니외다. 이것저것 합한 것이 인생이외다."(「이혼고백장」)가 그것이다.

그녀는 "아직까지도 나는 적당한 행복된 길이 어디 있는지를 찾지 못했다."는 전제와 함께 위와 같이 주장한 것이다. 이를 통해 그녀가 평생토록 융합의 길을 모색하며 살아왔음을 짐작할 수 있다. 특히 가정/예술이라는 양자 중에서 하나만 선택할 수 없는 것이 '인생'임을 주장하는 나혜석의 입장은 매우 설득적이다. 나혜석의 이혼 1주년을 맞아 잡지사에서 취재한 기사의 "'예술만이 완전한 것이 아니고, 생활 혼자만도 완전한 것이 못 되고, 생활과 예술이 합치되는 데서 참된 완전이 온다'는 것이 오늘의 여사의 회술이다."[1]라

---

1 「이혼 1주년 양화가 나혜석 씨」, 『신동아』, 1932. 11.

는 내용도 간과할 수 없다. 사회적 외면으로 인한 소외가 극에 달하던 말년에 기독교도였던 그녀가 보여준 불교에 대한 믿음 또한 의미하는 바가 적지 않다. 종교에 대해서도 나혜석은 기독교와 불교 모두를 융합적으로 수렴하려 했기 때문이다.

융합은 다양한 삶의 형태나 활동을 기존 질서 안에 끼워 맞추거나 배제함으로써 스스로를 유지해가는 경계를 허물고 새로운 세계를 창조하는 것이다. 한 곳에 편안히 머물지 않고 끝없이 파괴하고 넘어서려는 도전적인 삶을 보여준 나혜석은 융합을 욕망하고 감행하는 용기 있는 삶의 주체였다.

남다른 교육의 수혜자로서의 영예를 누리는 것과 동시에 조선의 나혜석은 구여성/신여성, 전통/근대, 조선/일본의 경계에서 정체성의 혼란마저 느낄 수밖에 없었을 것이다. 한편 그녀는 남녀 차별의 문제가 사회제도와 그와 연관된 교육 때문이라 진단하면서도 불평등과 차별의 원인이 남성/여성 모두에게 있다고 지적하는 참신성을 보였다.

도쿄는 나혜석에게 연애라는 신문명을 체험하게 했으며 글쓰기를 비롯하여 여성운동, 미술 공부라는 새로운 세상으로 이끌었고, 독립운동에 뜻을 갖게 하였다. 나혜석은 일본 유학 후 여주공립보통학교, 진명여학교, 정신여자고등보통학교 등에서 교사를 지냈으며, 여자 야학을 실시하고 고려미술원을 신설하며 여자미술학사 개설 등을 통해 교육에 헌신하였다.

나혜석에게 사랑은 제도나 형식을 초월하는 것이요, 결혼에서도 사랑은 불변적 요소이자 핵심적인 가치로 인식되었다. 그녀는 결혼 전 옛 애인의 비석 세우기를 포함한 네 가지 약속을 받아내는 데 성공하며, 이 약속을 이행하려 애쓰는 남편을 보면서 근대 가정 안에서 남녀평등을 이룰 수 있다고 믿었을 것으로 보인다.

그녀의 파리에서의 불륜 사건은 남성들에게는 흔히 용납되던 것과 달리 허용되지 못했고, 예술가의 개성의 발현으로 이해하려는 이는 없이 유부녀의 스캔들로만 인식되었다. 그녀는 정조는 개인이 가지는 취미와 같기 때문에 스스로의 선택에 의해 결정되는 것이지 결코 외부의 도덕이니 법률 같은 제도가 관여할 사항이 아니라는 합리적인 주장을 펼쳤다.

나혜석은 모성애라는 것이 모든 여성에게 태어날 때부터 가진 것이 아니라 시간이 지나면서 형성되는 것이라고 보았다. 즉 모성 신화에 반기를 든 것이다. 한편 자아/모성이 충돌하던 시기 『매일신보』와의 인터뷰에서 나혜석은 '예술을 위하여 어머니로서의 직무를 잊고 싶지 않다'고 말함으로써 자신의 융합적 관점을 분명히 드러냈다.

그녀는 죽을 때까지 글쓰기를 통해 자기 존재를 증언하고 여성 억압적인 사회와 맞서 싸우면서 문인으로서의 면모를 유감없이 보여주었다. 한편 1920년대 인상주의 화풍을 가장 본격적으로 전개한 나혜석은 후기인상주의 화가들의 빛의 세계에 내재한 '생명력'의 표출을 간파하였고, 야수파의 영향을 받아 강렬한 색채와 거친 질감으로 그림을 그려나갔다.

작가정신에 몰입하기보다 직접적으로 여성의 각성을 촉구하는 산문을 많이 썼다는 점에서도 그녀의 여성 운동가로서의 면모가 부각된다. 나혜석의 여성에 대한 근대적인 자각과 체험은 원하는 만큼 이루어지지는 않았지만 성찰을 가능하게 한 서구를 차용하면서 조선에서 현실적으로 실천 가능한 방향으로 집약되었다.

"한 사람이 이만치 되기에는 조선의 은혜를 많이 입었다. 나는 반드시 보은할 사명이 있어야 할 것이다."라고 그녀는 자기 조국을 위한 감사와 봉사를 당연한 책무로 여겼다. 나혜석은 직접 독립운동에 참여했을 뿐만 아니라 독립운동가들을 후원하며, 야학운동을 전개하고, 생활의 개량에도 앞장서는 등 다양한 방식으로 민족의식을 표출해나갔다.

이혼으로 인한 가정생활의 파탄과 사회에서의 고립은 그녀의 심각한 내면적 갈등과 헤어날 수 없는 고독으로 이어졌고, 나혜석의 사회활동과 작품 활동도 사실상 종말을 맞아야 했다. 말년에는 참을 수 없는 정신적 고통과 번민 속에 언어적 장애를 겪으며 수족의 놀림마저 부자유스럽게 되었다. 그러나 끝내 그녀는 자신의 삶을 패배로 인정하지 않았다.

나혜석은 양로원에 갇힌 생활을 견디지 못하고 틈만 있으면 빠져나와 서울의 친지들을 찾아 왔다가 사라지곤 하는 행동을 되풀이했다. 그리고 1946년 안양의 경성보육원에서 회고록을 집필하다가 마침내 1948년 12월 10일 원효로의 서울 시립 자제원 무연고자 병동에서 53세를 일기로 아무도 모르게 눈을 감아야 했다.

나혜석은 열악한 조건의 현실 속에서 꿈을 실현시키고자 하는 융합 지향의 열정을 갖고 노력했으나 끝내 완벽하게 이루지 못하고 몰락하는 안타까운 모습을 보여주고 말았다. 그러나 기존의 부당한 이념과 질서에 저항하고 사회적 억압을 해체시키고자 고군분투한 그녀는 결과에 관계없이 위대한 선각자임에 틀림없다. 그녀는 "겨울에 얼어붙은 개천물을 보라. 그 더럽게 흐르던 물이 어떻게 이렇게 희게 아름답게 얼어붙는가. 이것은 확실히 그 본체는 순정과 미를 잃지 않았던 것이다.”(「신생활에 들면서」)라고 주장했다. 그토록 처절하게 내몰리면서도 저항과 창조의 융합 정신으로 버티며 결코 패배를 인정하지 않았던 나혜석이야말로 한국 근대사의 선구적 인물이요 진정한 예술가이자 페미니스트라 할 수 있다.

그녀의 생애를 관통하는 융합을 향한 비전과 의지를 담보하는 행동은 끊임없는 도전에 직면하였다. 언제든 어느 곳에서든 안주하기를 거부할 뿐만 아니라 과도하게 나갔음을 인지할 때 과감하게 균형을 잡을 수 있는 여유와 용기를 가진 그녀는 고루하고 모순된 현실에 눈감고 외면할 수 없었다. 이욕과 불의에 찌든 단단하고 거대한 사회와 싸워 이길 수 있는 힘은 없었다. 그러나 그녀는 거기에 붙어 편안한 삶을 도모하지 않았다. 그리하여 스스로 소외되고 고독한 자리에 남을 수밖에 없었다.

끝없이 대립되고 갈등하는 단계를 넘어서야 하는 융합적 지향의 위치에 선 자로서의 나혜석은 새로운 삶을 꿈꾸고 역사를 창조하려는 이상주의자였다. 나혜석이 옳다고 믿고 자유로이 가고자 했던 융합의 지점에 도달하기까지는 험난하기 그지없었다. 결국 융합에 이르는 데는 실패했지만 그 목표를 향해 고독과 고난을 무릅쓰고 투쟁했던 용기와 열정만은 인정하지 않을 수 없다.

나혜석이「이혼고백장」에서 "언젠가 먼 훗날 나의 피와 외침이 이 땅에 뿌려져 우리 후손 여성들은 좀 더 인간다운 삶을 살면서 내 이름을 기억할 것이다."라고 말한 대로 지금 자유로운 삶을 구가하고 있는 우리 여성들은 나혜석의 이름을 되뇌고 있을 것이다. 아니 이름을 부르며 깊이 감사하고 있을 줄 믿는다.

나혜석,
융합적 삶을 위한 외길에 홀로 서다